전염병, 위생, 화장실, 목욕탕에 담긴 세계사와 문화 이야기

변기에 빠진 세계사

이영숙 지음

2019년 5월 어느 햇살 좋은 봄날이었습니다. 경기도의 고등학교에서 강연을 하고 있었는데 한 남학생이 손을 번쩍 들더니 "옛날에는 대머리 치료를 어떻게 했나요?"라고 묻더군요. "자세히는 모르지만, 아리스토텔레스가 염소 오줌으로 자신의 머리를 문질렀다는 기록을 본 적이 있다"고 답했습니다. 강당 가득 웃음소리가 터져 나왔습니다. 이를 시작으로 "고대 로마인들은 포르투갈인의 오줌으로 양치질을 하기도 했다는데, 왜 그랬는지 알아?"라고 운을 띄우며 '지저분한 것들'의 이야기를 한동안 늘어놓았지요. 생기 넘치는 눈빛을 반짝이며 관심을 보이는 학생들의 반응을 보면서 "여러분이 이렇게 좋아하니 다음엔 '지저분한 것들의 세계사'나 써야겠네" 하고 농담을 했더니 학생들이 꼭 써 달라는 겁니다.

집으로 돌아가는 길에 생각해 보니 제 아이들도 어렸을 땐 똥오줌이나 방귀 이야기를 해 주면 굉장히 좋아하던 기억이 났습니다. 이참에 학생들의 어린 시절 추억도 깨울 겸 지저분한 것들을 소재로 해서 학업에 지친 청소년들에게 가볍고 흥미롭게 읽을 만한 책 한 권쯤 선물하고 싶었습니다. 전염병, 똥오줌, 방귀,

입 냄새……. 소재는 구리지만 재밌고 경쾌한 내용을 담아 청소년들이 소파에 기대거나 침대에 누워 책장을 넘기며 잠시 웃을 수 있으면 좋겠다고 생각했습니다.

그렇게 소소한 재미를 선물할 가벼운 책을 쓰려고 시작했지만, 막상 자료를 조사하고 글을 쓰다 보니 제법 묵직한 역사적 이야기들도 꽤 나왔습니다.

목욕을 거의 하지 않았던 루이 13세와 입 냄새가 심했던 루이 14세의 이야기에서는 그 배경과 원인을 파고드니 뼈대뿐인 역사가 아닌 당대의 속살 같은 문화까지 풍성히 느낄 수 있었습니다. 또, 인도에서 소를 숭상한다는 것은 익히 들어 알고 있었지만, 소 오줌 주스를 팔고 마시는 일에 거부감이 없으며, 거기에는 힌두교와 깊은 연관이 있다는 사실도 새롭게 알게 되었고요.

어디 그뿐인가요? 로마 시대의 오줌은 구강세정제였을 뿐만 아니라 세척제, 표백제로써 양털과 옷감, 가죽을 씻는 데 필수품으로 사용되었으며, 동서양을 막론하고 똥오줌이 약으로 비료로 대단한 활약을 했던 것도 알게 되었지요.

남미의 칠레와 페루, 볼리비아는 새똥 무더기를 서로 차지하겠다고 다투다 전쟁이 벌어졌고, 새똥으로 인해 부국이 됐다가 다시 가난해진 나우루 공화국에 새똥은 축복이자 저주가 되기도 했답니다.

코끼리 똥으로 만든 종이, 사향고양이 똥으로 만든 커피, 동물의 배설물이나 인분으로 만든 바이오 연료 등 버려진 오물로 만든 유용한 제품들도 많지요. 똥으로 만든 한 예술 작품은 수억 원을 넘기도 합니다. 놀랍지 않나요?

빌 게이츠가 연구하고 있는 화장실 개선 프로젝트를 보면서 오늘날 우리가 쓰는 수세식 화장실도 머지않아 역사 속에 등장하는 유물이 되겠다는 생각도 들었습니다. 별도의 물이나 전기를 쓰지 않고, 오줌으로 세척하고 지붕의 태양 집열판으로 전기를 생성해 쓰는 미래형 화장실이 나오면 말입니다.

최근 코로나바이러스감염증-19로 건강과 위생에 많은 신경을 쓰게 되었습니다. 한때 사람들 사이에서는 근거 없는 갖가지 민간요법들이 유행처럼 번지기도 했지요. 그 옛날 페스트(흑사병)를 극복하기 위해 사람들이 건강에 좋을 거라는 믿음으로 행했던 비과학적인 행위들 역시 이해되었습니다. 지금보다 의학

지식이 없던 시절 오죽 답답하고 겁이 났으면 그랬을까 하는 생각도 들었습니다.

온갖 지저분한 것들에 관한 책을 엮으면서 저는 재밌기도 하고 여러모로 생각도 많아졌습니다. 이 책을 읽고 난 후에 여러분들은 어떨지 궁금합니다. 독자 여러분께도 즐겁고 유익한 책이 되기를 진심으로 바랍니다.

마지막으로 이 책의 출간과 관련해 감사의 인사를 전하고자 합니다. 세상을 편견 없는 호기심으로 바라봐 주시고 저를 믿고 맡겨 주신 최성휘 편집자님과 대표님을 비롯한 자음과모음 관계자분께 감사드립니다. 또, 이 책을 쓰는 동안 중세 농가만큼 지저분한 꼴을 하고 있었을 집을 참고 견뎌 준 가족에게도 미안하고 고마운 마음 전합니다. 그리고 제 책을 기다려 주시고 읽어 주시는 독자 분들께도 두루 감사의 인사를 드립니다.

그럼 이제부터 똥과 오줌, 악취, 전염병…… 변기에 빠진 세계사와 문화에 대해 오랜 친구처럼 저와 수다를 떨어 볼까요?

차례

글을 시작하며 … 4

1장 병 주고 약 주는 지저분한 것들
: 질병, 의학, 위생

1 전염병이 세상을 바꾸다 … 12

2 어느 목욕탕에 다니세요? … 22

3 중세인들이 지저분했다고? … 30

4 중세의 목욕탕에서는 무슨 일이? … 40

5 거리에서는 머리 위를 조심해야 한다 … 47

6 입 냄새 대마왕을 찾아라! … 55

7 목욕 안 하기 챔피언은? … 63

8 400년간 목욕을 안 했다니! … 72

9 왕들은 온천을 좋아해 … 78

2장 이상하고 아름다운 오물의 변신
: 미용, 생활, 예술

1 아리스토텔레스의 탈모 방지법 … 86

2 오줌으로 치아를 하얗게! … 92

3 무엇에 쓰는 물건일까? … 97

4 성 밖으로 나온 배설물은 어디로 갔을까? ··· 103

5 루이 14세와 광해군의 이동식 변기 ··· 111

6 베르사유 궁전에는 화장실이 없었다? ··· 119

7 통일 신라 시대에도 수세식 화장실이 있었다! ··· 125

8 세상에서 제일 비싼 똥 ··· 132

9 훈데르트바서의 나들이 필수품 ··· 138

3장 버려진 오물로 발전하는 사회
: 산업, 경제

1 오줌에도 세금을 내나요? ··· 146

2 질 좋은 화약은 오줌으로부터 ··· 153

3 새똥을 뺏길 순 없지! ··· 159

4 사람들을 살리고 죽인 질소 ··· 171

5 소 오줌 주스와 코끼리 똥 종이 ··· 177

6 우주인이여, 구토를 참아라! ··· 185

7 빌 게이츠, 인분 들고 연단에 서다 ··· 192

8 똥으로 달리는 버스 ··· 199

참고한 책 ··· 208

1장

병 주고 약 주는
지저분한 것들

: 질병, 의학, 위생

전염병이
세상을
바꾸다

14세기에 전염병이 유럽 전역을 강타했다. 병에 걸린 사람들은 열이 펄펄 끓고 팔다리에 통증을 느끼며 몸 곳곳에 검은 종기가 부어오르고 피부색이 까맣게 변했다. 그래서 이 병을 흑사병(Black Death 또는 Black Plague)이라 불렀고, 원인균인 페스티스(Pestis)가 밝혀진 후로는 페스트라고 부르게 되었다. 페스트 환자는 사나흘 간 극심한 고통에 시달리다가 죽었다.

현재 세계의 일상을 뒤덮고 있는 신종 코로나바이러스감염증-19의 발원지를 중국 우한으로 보고 있는데, 중세의 페스트도 중국에서 시작된 것으로 추측하는 시각이 있다. 원래 중국 운남성의 풍토병이었던 것이 실크로드를 따라 중앙아시아의 타슈켄트 지역을 건너 서쪽으로 옮겨졌다는 것이다. 그러다가 결정적인 사건이 발생했다. 1347년, 몽골의 서쪽 지역에 해당하는 킵차크 칸국이 크림반도에 있는 유럽의 성을 공격할 때, 부패한 시신을 투석기에 매달아 성안으로 던져 넣은 것이다. 중세 판 생화학전이냐고? 결과적으로는 그런 셈이 되었지만, 의도한 것은 아니었다. 처음에는 단지 적에게 혐오감을 주어 전의를 상실하게 할 정도의 목적이었다고 한다. 하지만 일이 의도한 것 이상으로 커졌다. 시체로 인해 성에는 전염병이 창궐하게 되었고, 병균은 삽시간에 다른 지역으로까지 퍼졌다. 게다가 공교롭게도 이 성에서 멀지 않은 곳에는 지중해를 중심으로 동방 무역을 하는 '카파'라는 항구가 있었다.

이후 페스트는 중세 유럽의 향신료 이동 경로를 따라 전염되었다. 페스트는 뱃길을 따라 중세 유럽의 실핏줄 같은 교역로를 통해 유럽 전역에 놀라운 속도로 확산되었다. 당시의 배는 하루에 약 40킬로미터를 항해했는데, 페스트에 전염된 쥐들이 배에 올라타고 있다가 새로 도착한 항구에 내려 페스트를 옮겼다. 그 결과 유럽의 육지에서는 빠른 속도로 페스트가 퍼졌고 3년 만에 전 유럽을 휩쓸었다.

병을 예방하고 치료하려면 우선 병의 원인을 알아야 한다. 하지만 당시에는 의사들도 페스트의 원인을 알지 못했고, 따라서 치료법도 예방법도 없었다. 그저 짐작만 할 뿐이었다. 페스트를 치료하기 위해 당국에서 파견한 의사들은 새의 부리처럼 길쭉하게 튀어나온 검은색 마스크를 쓰고 특별 제작된 검은색 망토를 두르고 다녔다. 그 모습 때문에 사람들은 그들을 까마귀라고 불렀다. 새의 부리처럼 생긴 마스크 안쪽에는 짚을 넣어 나쁜 공기를 거르고 허브와 향료를 넣어 좋은 냄새가 나게 했다. 나쁜 공기가 병을 일으킨다고 여긴 까닭이다.

©Shutterstock

> 페스트를 치료하기 위해 파견된 의사 '까마귀'

페스트는 쥐벼룩을 통해 전염된다는 것, 그렇기 때문에 페스트를 예방하기 위해서는 쥐를 박멸하고 더불어 주변을 깨끗이 해야 한다는 것을 알게 된 건 꽤 오랜 시간이 지나서였다. 그러는 사이에 유럽 대륙에 살던 사람 중 30퍼센트에 달하는 많은 사람들이 목숨을 잃었다. 두려움을 느낀 중세인들은 이 무서운 전염병은 어쩌면 신이 노해서 인간에게 벌을 내리는 건지도 모른다고 생각했다. 그래서 자신의 몸을 스스로 채찍질하는 고행을 함으로써 신의 노여움을 풀고자 하는 사람도 있었다.

"중세 유럽의 목욕탕이 문을 닫게 된 데는 페스트의 영향이 컸다"

갖은 오해와 억측이 난무하던 중에 일부 사람들의 시선이 목욕탕으로 향했다. 공중목욕탕에서 남녀 혼욕이나 매춘과 같은 문란한 일들이 벌어지기도 했기 때문에 신이 노하여 무서운 전염병으로 인간을 벌하는 것이라 여긴 사람들은 공포심으로 공중목욕탕을 멀리했으며, 아예 시 당국이 나서서 목욕탕을 폐쇄하기도 했다. 안 그래도 땔감이 부족하고 화재에도 신경이 쓰이던 터라 페스트가 돌던 시기부터 공중목욕탕은 이래저래 급감 추세였다. 그렇게 공중목욕탕을 멀리하면서 사람들은 점차 잘 씻지 않게 되었다.

일부 지역에서는 공중목욕탕이 꽤 오래 존재하기도 했지만, 그것은 씻는 용도 외에 다른 기능이 있어서였다. 그런 목욕탕에서는 치료 목욕사가 상주하면서 목욕을 도울 뿐 아니라 상처 난 몸을 치료해 주기도 했다. 치료 목욕사가 이발을 해 주거나 아예 전문 이발사가 있는 곳도 있었다. 요즘에도 웬만한 규모의 목욕탕에는 이발사가 있지만, 중세의 이발사는 오늘날의 이발사와 달랐다. 중세 유럽의 치료 목욕사 및 이발사는 외과 수술, 치

과 치료, 눈병 치료까지 맡았다. 의사만큼 전문적인 의학 교육을
받고 의료 행위를 한 것은 아니었지만 일반인들은 의사보다 치
료 목욕사나 이발사를 찾는 경우가 더 많았다. 정식 자격증을 가

진 의사는 일반인들이 엄두를 내기 어려울 만큼 진료비가 비쌌기 때문이다. 게다가 당시에는 특별한 치료법이 없던 때라 의사나 치료 목욕사나 모두 처치법이 비슷했다. 상처 위에 뜨거운 기름을 붓거나 독한 와인으로 소독하는 정도가 다였으니 말이다.

"수많은 사람의 목숨을 앗아간 또 다른 전염병이 발생했다"

유럽을 초토화시킨 페스트가 잠잠해진 이후에도 크고 작은 질병들은 늘 사람들을 괴롭혔다. 그러다 또 한 번 인류를 크게 위협하는 전염병이 발생했다.

1854년 여름이 끝나 갈 무렵, 영국 런던 시내에서는 갑자기 쌀뜨물 같은 설사를 하는 증상이 사람들 사이에 번졌다. 배가 몹시 아프고 묽은 설사를 심하게 하다가 탈수 증상을 보이는 이 전염병은 콜레라였다. 콜레라는 갑작스럽게 발병해서 빠르게 진행되어 사망률도 매우 높았다. 그 전염 속도가 어찌나 빠른지 미처 손을 써 볼 틈도 없이 수백 명의 사람이 목숨을 잃었다.

콜레라도 지저분한 환경이 원인이었다. 18세기 중엽 영국을 비롯한 유럽은 몹시 지저분했다. 목욕 자체를 두려워하지는 않게 되었지만, 여전히 목욕하고 청결한 생활을 할 만큼 여유로운

사람은 많지 않았다. 시간적으로나 물질적으로 말이다.

18세기 영국은 산업 혁명으로 인해 많은 사람이 공장에서 일하기 위해 한꺼번에 런던에 모여들어 북적대고 있었다. 너나없이 일자리를 찾아 도시로 모여들다 보니 노동자들은 열악한 생활 환경에 놓이게 되었다. 주택 문제나 상하수도 시설 등은 몰려드는 사람들의 숫자만큼 빠른 속도로 갖춰지지 않았고, 런던 뒷골목에는 가난한 사람들이 모여 사는 빈민가가 형성되었다. 좁고 더러운 공중화장실을 여러 가구가 함께 사용했고, 넘쳐나는 오물과 하수는 템스강으로 그냥 흘러들었다. 당시에는 세균이나 병원균에 대한 정보를 접하기 어렵던 때라 더러운 물을 식수로 이용하다가 탈이 나기 일쑤였다.

오랫동안 천연 수로를 활용하여 살아온 내륙 도시에서는 물이 더러워지면서 물고기를 찾아볼 수 없게 되었다. 런던에는 곳곳에서 역겨운 오수가 쏟아져 나왔고, 매년 템스강으로 유입되는 오수에 포함된 침전물의 부피만 25만 세제곱미터(m³)에 이르렀다고 한다. 런던의 하수도는 사람과 동물의 똥오줌, 도살장 폐기물, 병원과 가죽 공장의 오물, 심지어 시체 같은 것들도 뒤섞였기에 토할 것 같은 악취가 사방에 진동했다. 이를 두고 "천연 닭똥 농축액 같다"는 표현을 쓴 신문 기사도 있었다.

콜레라는 런던 빈민가 사람들을 공포의 도가니로 몰아넣었

> 1850년대 런던 콜레라 창궐을 스케치한 삽화

다. 사람들은 오염된 공기가 병을 일으키는 거라고 막연히 생각
했다. 영국의 의사 존 스노(1813~1858)는 직접 런던 시내를 돌아
다니며 콜레라 환자가 사는 집을 일일이 지도에 표시하며 역학
조사를 실시했다. 그러다가 특정한 상수도 회사로부터 공급받은
물을 먹는 가구에서 환자가 발생한다는 특이점을 발견했다.

이를 바탕으로 그는 콜레라가 물속에 들어 있는 미생물에 의
해 전염된다는 사실을 알게 됐다. 콜레라로 엄청난 인명 피해를
입은 런던은 이런 스노의 의견을 받아들여 상하수도 시설을 갖
추기 시작했다. 상수도를 연결해서 깨끗한 물을 마실 수 있게 하

고 하수는 따로 모아 정화했다. 덕분에 런던은 심각한 콜레라 유행에서 벗어날 수 있었다.

이후 런던의 콜레라를 조사하고 확산을 막았던 존 스노에게는 '현대 역학의 아버지', '공중보건학의 아버지'라는 별명이 붙게 되었다. 오늘날의 질병관리본부장 같은 역할을 한 것이랄까.

19세기에 콜레라로 인해 많은 생명이 희생되면서 미생물학이 발전하게 되었다. 19세기와 20세기를 지나면서 세균이 질병의 원인이라는 과학적인 근거를 알게 되었고, 과학 지식을 바탕으로 위생 의식이 발전하게 되었다. 거기에는 현미경의 발명으로 미생물과 박테리아를 여실히 볼 수 있게 된 것이 큰 역할을 했다.

위생적인 생활의 중요성이 알려지면서 사람들은 지저분한 집 안을 깨끗이 쓸고 닦는 데 신경 썼으며, 화장실 청소나 손 씻기 등을 중요하게 여기게 되었다. 콜레라가 인류의 위생 의식을 단단히 일깨운 역할을 한 셈이다.

콜레라는 계속해서 변종이 생겨서 아직도 완전히 박멸되지 않았다. 하지만 콜레라균은 열에 약하기 때문에 음식물을 끓여 먹기만 해도 많은 부분 예방이 가능하다. 또, 손을 깨끗이 씻는 것만으로 병원균을 제거하는 데 도움이 된다고 하니 자주 손을 씻을 일이다. 코로나19의 팬데믹을 겪고 있는 요즘, 어째 많이 들어본 말이다. 손 씻기로 시작되는 개인위생의 중요성 말이다.

2 어느 목욕탕에 다니세요?

고대에서 현대로 갈수록 위생 시설이 점차 발전했을 것으로 생각하기 쉽지만, 꼭 그렇지도 않다. 고대에도 오늘날 못지않은 위생 시설을 갖춘 곳이 존재했다.

1920년대에 영국은 인도에서 '모헨조다로(Mohenjo Daro)'라는 고대 도시의 유적을 발굴한다. 당시 영국은 인도를 식민지로 삼고 있었는데, 오늘날의 파키스탄(파키스탄은 1947년에 인도에서 분리됨)에 해당하는 지역에서 기원전 4000년경에 건설된 것으로 추정되는 모헨조다로 유적을 발견한 것이다. 현지어로 '사자의 무덤'이라는 뜻의 모헨조다로에서는 도로와 학교, 회의장, 곡물 저장 창고로 보이는 공간 등이 발견되어 고대 인더스 문명을 여실히 찾아볼 수 있었다.

그중에서도 특히 사람들을 놀라게 한 것은 목욕탕이었다. 도시 한 가운데에서 발견된 길이 11.8미터, 폭 7미터, 깊이 2.4미터 규모의 대형 목욕탕 안에는 물이 나왔을 것으로 보이는 여섯 개의 구멍도 있었다. 그 옛날에 수로를 이용해 물을 끌어다 목욕탕을 만들어 사용했으니 인더스 문명을 이룬 고대인들의 지혜와 기술이 놀랍다.

> 인더스 문명을 대표하는 유적 모헨조다로 중심부에 목욕탕이 있다.

　모헨조다로의 공중목욕탕 바닥은 2단으로 이루어졌는데, 이곳은 단순히 몸을 씻는 곳이 아니라 종교 의식을 거행하기 전에 몸과 마음을 청결히 하던 장소였을 것으로 추정된다. 모헨조다로의 '거대한 목욕탕(The Great Bath)'은 인류 역사상 가장 오래된 공중목욕탕으로 여겨지고 있으며, 1980년에 유네스코 세계 문화유산으로 지정되었다.

　그렇다면 고대 이집트는 어땠을까? 이집트인은 향료를 푼 욕조에서 목욕했다. 이집트의 몇몇 호수에서 구한 '나트론(소금물의 일종)'으로 몸을 문지른 다음 표백토와 재를 섞어 만든 반죽인 '수아부'로 각질을 제거하고 향유로 마사지를 했다.

변기에 빠진 세계사

그리스인의 목욕에 대한 언급은 수학자 겸 물리학자인 아르키메데스(BC 287~BC 212)의 일화에서 찾을 수 있다. 왕관이 순금인지 아닌지를 알아내라는 왕의 지시를 해결하기 위해 고민하던 아르키메데스는 물이 가득 찬 욕조에 몸을 집어넣는 순간, 그 답을 찾아낸다. 그리하여 기쁨에 겨워 "유레카(알아냈다)!"라고 외치며 벌거벗은 몸으로 뛰어다녔다. 욕조에 몸을 넣으면 그만큼의 물이 밖으로 넘치는 것을 보고 물의 부피와 압력, 무게를 통한 부력의 원리를 깨달은 것이다.

그리스의 공중목욕 문화는 기원전 6세기부터 시작됐다. 집에 욕실이 없는 사람들은 저렴하게 또는 무료로 공중목욕탕을 이용했고, 부자들은 하인의 도움을 받아 집에서 목욕을 즐겼다.

"아르키메데스는 목욕을 하다가 부력의 원리를 깨달았다"

고대 로마 시대는 공중목욕 문화가 꽃피던 전성기였다. 로마인들은 모래와 분, 기름을 몸에 바른 후에는 체조를 했고, 증기탕에서 나온 후에는 때를 밀었다. 올리브유를 전신에 바른 뒤, 스트리길이라고 하는 쇠막대기로 긁어 때를 벗겨 냈다. 비누 대용으로 올리브유를 쓰는 것이 낯선가? 예나 지금이나 인간은 자신들이 살아가는 터전에서 구할 수 있는 재료들을 다양하게 이용했다. 로마를 비롯한 지중해 인근의 지역에서는 올리브 나무가 잘 자라기 때문에 사람들은 오래전부터 올리브의 다양한 활용법을 터득했을 것이고, 비누와 같은 용도로도 사용할 수 있음을 알았을 것이다. 필리핀과 같은 동남아 지역에서는 예로부터 비누 대용으로 코코넛 오일을 쓰기도 하는데, 이 역시 열대 또는 아열대 기후인 지역에는 코코야자 나무가 많기 때문이다.

고대 로마 제국의 대중목욕탕에는 세신(몸 때밀이)을 해 주는 노예들도 있었다. 로마의 공중목욕탕에서는 때를 벗겨낸 다음 목욕탕에 들어가기 전에 몸을 헹구었고, 냉탕보다 온탕에 먼저 들어갔다. 마지막에는 잔털을 제거하고 안마를 받았다. 고대 로마 제국에서는 노동력을 취할 수 있는 노예들이 있었기에 큰 목욕탕도 운영할 수 있었다.

베수비오 화산 폭발로 사라진 도시 폼페이의 유적에는 탈의실과 운동 기구까지 갖춘 화려한 목욕탕이 있었다. 고대 로마에서는 공중목욕탕이 크고 화려할수록 황제가 정치를 잘해 시민들을 행복하게 하는 것으로 평가되는 경향이 있었기에 황제들은 자신의 능력을 과시하려고 호화스러운 목욕탕을 짓고 자신의 이름을 붙였다. 대중목욕탕은 기원전 1세기에 고대 로마의 초대 황제 아우구스투스가 짓기 시작해 말기에는 850여 개로 늘어났다.

"고대 로마인들은 어느 목욕탕에 다니세요? 라고 안부를 물었다"

목욕 문화가 번성하면서 로마의 공중목욕탕은 시민들의 '핫 플레이스'로 떠올랐다. 로마인들은 목욕탕에서 목욕만 하는 것이 아니라 운동도 하고 지인을 만나 수다를 떨거나 토론을 벌이기도 했기에 새 소식이나 중요한 정보가 목욕탕을 통해 전파되곤 했다. 그 외에도 이발하거나 치료 목적의 마사지를 받을 수 있었고, 도서관이 있어 공부도 할 수 있었을 만큼 목욕탕의 부대시설이 다양하게 갖춰져 있었다. 그러다 보니 로마인들은 목욕탕을 애용했고, 오랜만에 만나는 사람에게 어느 목욕탕에 다니는지 묻는 것으로 안부를 대신할 만큼 사교장 역할을 하기도 했다.

목욕탕이 중요한 문화 시설이 되면서 황제들도 궁전의 좋은 황실 목욕탕을 두고 일부러 공중목욕탕에 다녔다. 2세기 하드리아누스 황제가 시민들과 함께 옷을 벗고 같은 공간에서 목욕하고 세신(때밀이)을 했을 정도로 공중목욕탕에서만큼은 신분의 차이에서 자유로웠던 것 같다.

화려함을 마음껏 뽐냈던 로마의 목욕 문화는 로마 제국의 멸망과 함께 사라졌다. 강성했던 고대 로마 제국이 쇠망한 이유를

고찰한 몇몇 책에서 호화로운 목욕 문화가 로마를 멸망으로 이끈 주요 원인이라고 지적했다. 과연 그 말이 정말일까?

당시의 수도관에는 납이나 수은 같은 중금속이 포함되어 있어 식수나 목욕물에 중금속이 섞여 나왔고, 이에 노출된 로마인들은 무기력해지고 서서히 병들었다는 기록이 있다. 그러나 중금속을 문제 삼지 않더라도 로마인들이 매일같이 목욕탕을 드나들며 씻는 데 지나치게 많은 시간을 할애한 것은 사실인 것 같다.

고대 로마 귀족 여인의 아침 단장만 해도 여간 까다로운 게 아니었다. 온몸을 때 미는 기구로 문지르고 나면 가슴, 팔, 겨드랑이, 다리, 입술 위, 코털을 제거하는 과정이 이어졌다. 머리숱을 풍성하게 보이기 위해 게르만족의 금빛이나 적갈색 머리카락 또는 인도인의 갈색 머리카락으로 보충했고, 치아는 의치를 사용하거나 뿔을 빻아 입혔다. 입 냄새를 없애기 위해 파슬리를 썼고, 여드름과 사마귀는 애교점으로 가렸다.

귀족들은 남녀 상관없이 생산적인 일을 하지 않았고, 일상의 잡다한 일들은 노예들에게 맡긴 채 그저 먹고 쉬고 꾸미고 즐기는 소비와 향락 생활에 빠져 있었던 것이 로마 제국을 멸망으로 이끈 요인일 수도 있겠다. 잘나갈 때 조심해야 한다는 건 세계사가 주는 교훈일 것이다.

중세인들이
지저분했다고?

거대했던 고대의 공중목욕탕들은 중세에 이르러 대개 문을 닫게 되는데, 여기에는 여러 이유가 있었다. 일단 고대 로마와는 사정이 달라졌다. 전쟁마다 승승장구하여 패전국의 재물을 빼앗고 패전국 사람들을 노예로 부렸던 고대 로마 시대가 아니었기 때문에 큰 목욕탕을 운영하기에 힘이 들었다. 게다가 로마의 집권 세력처럼 시민들의 마음을 얻기 위해서 공짜 빵이며 사우나를 즐기도록 통 큰 기부를 하는 세력도 없었다. 그럼 중세인들은 목욕탕도 폐쇄하고 목욕을 하지 않았을까? 아니면 중세인들도 목욕으로 몸을 깨끗이 했을까? 둘 다 정답이다. 어리둥절하겠지만 그랬다. 중세는 거의 천 년에 해당하는 긴 기간이고, 지역에 따라서 경제적·문화적 편차가 있으므로 한마디로 단정하기는 쉽지 않은 까닭이다.

우선 11세기에서 14세기까지 이어진 십자군 전쟁 이후에 이슬람 문화권의 씻기 문화를 전해 받은 귀족들은 열심히 몸을 씻었다. 얼마나 깨끗한가를 통해 귀족과 평민을 구분할 수 있을 정도였다. 하지만 십자군 전쟁 전 유럽에서는 씻는 것에 그다지 신경 쓰지 않았던가 보다. 10세기경, 신성 로마 제국의 황제였던 오토 대제(912~973)를 만나기 위해 방문했던 아라비아 사절들은 궁중 사람들이 일 년에 단 두 번 씻는 것을 알고 그 지저분함에 혀를 내둘렀다고 한다.

오토 대제가 있던 궁중 사람들이 그럴 정도였으니, 먹고 살기도 바쁘고 벅찼던 평민들에게 청결이란 사치와 다름없었다. 목욕을 하려면 돈과 시간과 공간이 필요했다. 목욕에 필요한 따뜻한 물을 만들기 위해서는 그만큼의 물과 물을 데울 나무가 있어야 하고 커다란 물통이 있어야 했다. 게다가 가난한 평민들은 오두막 하나에 온 가족이 모여 사는 경우가 많다 보니 몸을 드러내고 씻을 곳도 마땅찮았다. 무엇보다 무리해서 몸을 씻은들 다시 더러워지는 건 시간문제였다.

오늘날 우리는 겨울에 따뜻하게 난방이 되는 방 안의 폭신한 매트리스나 요가 깔린 잠자리에서 포근한 솜털 이불을 덮고 잠을 잔다. 자기 전엔 양치질과 세수를 하고 말이다. 하지만 중세 평민들의 집은 지붕과 벽으로 바깥을 가렸을 뿐 바닥은 흙바닥이었다. 게다가 집안의 어른들은 모피를 덮거나 말린 지푸라기를 넣은 천 이불을 덮고 잤지만, 그 외 사람들 특히 아이들은 그냥 말린 지푸라기 더미가 이부자리였으니 자고 일어나면 머리카락과 온몸에 지푸라기가 묻었다. 더욱이 겨울에는 가축들과 한 공간에서 잠을 잤다. 매서운 추위와 도둑이나 여우, 멧돼지 등으

로 인한 도난을 방지하기 위해 돼지, 양, 닭 등 기르는 가축들도 오두막 안에 다 끌어들였기에 집은 가축 울음소리가 요란하고 털까지 풀풀 날리는 곳이었다.

"난로 곁에서 잠을 자면 다음 날 아침엔 신데렐라!"

오트밀이나 채소 수프 같은 음식물을 끓이면서 동시에 난방도 했던 화로에서는 시커먼 재가 공중으로 날아올라 춤을 추었다. 종일 집안일, 부엌일에 시달린 뒤에 추워서 곁불을 쬐겠다고 난로 곁에서 자다가 재투성이가 된 아이의 이야기도 있지 않은가. '재투성이'라는 뜻의 '신데렐라' 말이다. 그나마 그건 좀 나은 편이다. 화로에 땔 나무를 살 돈까지 아껴야 하는 집이라면 추위를 잊기 위해 개나 돼지를 안고 자기도 했으니 지저분하고 냄새나는 건 일상이었다. 거기에 먹고살기 위해 힘든 육체노동을 하고 나면 금세 더러워지는 건 당연한 일이었다. 피곤에 찌든 몸으로 입은 옷 그대로 잠들었다가 다음날 그대로 일터로 가는 경우가 많았으니 씻기가 제대로 될 리 없었다. 그래서 몸에서나 집에서 지독한 냄새가 났지만, 태어날 때부터 익숙히 맡아 온 냄새들이고 너나없이 사정이 비슷했기에 그저 그러려니 하고 살았을 것이다.

이런 지저분한 환경과 불결한 일상으로 인해 질병을 자주 앓았고, 유아 사망률 또한 높아 5세 이전 사망률이 60퍼센트에 달했다. 위생이나 세균, 감염에 관해 아직 알려지지 않은 시대이다 보니 수술을 받다가 혹은 여성의 경우에 출산하다가 죽는 일도 많았다. 그렇지 않더라도 영양 부족에 잦은 임신과 출산으로 건강이 좋지 않고 나이보다 겉늙은 경우가 많았다.

중세인들은 씻기를 싫어했다기보다 씻을 상황이나 여력이 안 되어 씻기를 참았다는 것이 당시의 실정에 더 가까운 말일 것이다. 중세인들의 사상과 영혼을 지배하던 기독교에서는 몸을 씻는 것이 그 사람의 영혼을 깨끗하게 씻어 내는 것이라고 말하면서 청결을 좋아했다. 주말에 교회에 올 때는 꼭 씻고 오라고 사제들이 잔소리를 할 정도였으니, 농노와 평민들도 교회에 가기 전에는 얼굴이며 손 정도는 씻고 가야 했다. 물론, 일상적인 삶에서 깔끔함을 챙기기에 평민의 삶은 너무 고단하고 팍팍했다.

그런데 기독교를 믿는 신자들, 특히 철저하게 규율을 따르던 독실한 신자들과 성인, 성녀 반열에 오른 이들 중에는 특이하게도 몸 씻기를 잘 하지 않는 이들이 있었다. 실제로 중세 유럽에는 씻지 않는 것을 고행의 일부로 여긴 성자, 성녀가 있었다. 그들이 행했던 고행 중에는 극단적인 단식으로 비쩍 마르거나, 눕거나 쉬지 않고, 지붕이 없는 맨바닥에서 자는 일도 있었다. 씻는 행위

를 거부하는 것도 고행의 한 방법이었기에, 일부 성자와 성녀들은 몸(겉)의 깨끗함이 오히려 영혼의 오염이라 여기며 의도적으로 씻지 않았다. 물론 이러한 이야기는 수도 생활의 엄격함을 강조하는 성자와 성녀들에 한정된 이야기로, 중세의 모든 수도원과 종교인에 해당하는 일반적인 사례는 아니다.

"중세 종교인 중에는 몸을 씻지 않는 것을 고행으로 삼는 이들이 있었다"

최초의 수도사들과 은둔자 사이에는 자신들이 세상과 등졌다는 증거로 목욕을 거부하는 경향이 있었다. 많은 사람이 몸을 돌보지 않았으며, 더러움이야말로 수도사의 본질에 속하는 것이라고 강조했다. 성녀 바울라는 "육체와 의복의 청결함은 영혼의 불결함을 의미한다"라고 말하기도 했다. 육체를 깨끗하게 한다는 것은 곧 자기 몸을 의식하는 것이므로 '정신과 영혼이 아닌 육체를 생각한 죄'를 짓는 첫걸음이라 여긴 것이다. 『성 안토니우스의 생애』에 의하면 이 성자는 오랫동안 발을 씻지 않았고, 늙을 때까지도 자기 발을 씻는 죄를 범하지 않았다. 또, 성 아브라함도 개종 이후 50년간 얼굴과 발을 씻지 않았다고 한다. 이처럼 유럽의 성자, 성녀 가운데 놀라운 극기 행위를 고수한 이들이 적지 않았다.

11세기 말에 최초의 청빈 운동이 시작된 데 이어 13세기 초반에는 '탁발 수도회'가 생겨났다. 탁발 수도회 수사(修士)들은 절대적 빈곤 상태에서 살아가겠다는 서약을 했다. 성직자 개인은 물론 교회 기관이나 단체도 사유 재산을 소유하지 않고 오직 걸식으로 의식(衣食)을 해결하는 탁발과 노동을 통해 생계를 꾸려 갔다. 그중 프란치스코회 성녀 클라라(1194~1253)는 먹는 것, 자는 것도 죄스럽게 여겨서 그야말로 죽지 않을 만큼만 먹고 마시고 잤다. 물론 씻고 닦는 데 크게 신경을 쓴 것 같지도 않다. 세속을 떠난 성녀의 삶은 가난과 겸손, 단순함 그 자체였다. 그녀는 클라라 수도원을 설립했지만 스스로를 '가난한 자매들의 종'이라고 겸손하게 표현했다. 그녀는 육체를 돌아보지 않아 아무것도 먹지 않을 때가 많았고, 간혹 상하거나 부스러기에 가까운 빵조각들을 먹었다. 그러면서 수도원에서 가장 먼저 일어나 기도했으니 잠도 늘 부족했다.

클라라는 잘 씻지 않았지만 그렇다고 아예 안 씻거나 더러움 자체를 몰랐던 건 아닌 것 같다. 클라라가 '구걸을 하는 수녀들의 발을 닦아 주었다'는 기록이 있으니 말이다. 다만 신에게로 향하는 영혼과 정신, 사랑을 최우선으로 삼고 그것에 충만한 삶을 살

> 가난과 겸손, 단순함을 몸소 실천했던 성녀 클라라

다 보니 다른 육체적, 일상적, 세속적 일들이 자연히 뒤로 밀렸을
뿐이다. 영혼과 정신, 신에게로 향하려는 기원에 무게와 초점을
두고 육체적 쾌락은 낮추어 보았기에 씻는 즐거움도 멀리했던
것이다.

　물론 수도원이라고 다 같지는 않았다. 수도원과 교단에 따라
서는 토요일마다 수도사들이 두 발을 포함하여 몸 전체를 깨끗
이 닦기도 했다. 하지만 엄격한 수도원의 경우, 수도사들은 전신
목욕을 일 년에 딱 두 번, 성탄절과 부활절에만 할 수 있었다. 특
히 청빈을 강조했던 탁발 수도원의 수도사들은 스스로 고행을

> 16세기에 그려진 〈튀링겐의 성 엘리자베스〉

하듯 일부러 목욕을 삼갔다.

중세는 신에 대한 경배를 중시하고 육체는 하대하고 배척하던 금욕주의 시대였기 때문에 당시 기독교인들의 몸이 더러웠던 건 사실인 듯하다. 일례로 '튀링겐의 성녀'로 알려진 성녀 엘리자베스는 (1207~1231) 평생 거의 씻지 않았다는 말이 전해진다.

당시 사회는 해마다 흉년이 들어 굶주린 사람들이 거리에 넘쳐나던 때였다. 봉사하는 삶을 살았던 엘리자베스는 이런 헐벗은 사람들에게 사심 없이 물질을 나누어 주고 온정을 베풀었다. 1228년에는 가난한 사람들을 위해 큰 자선병원을 짓고 직접 전염병 환자를 돌보았다. 당시는 옷 색깔로 신분을 표시하던 철저한 계급 사회였지만, 그녀는 그런 것에 개의치 않고 늘 허름한 옷을 입고 다녔다. 그녀의 관심은 오직 이웃에 사랑을 실천하는 것이었으며 헌신적으로 병자를 돌보다 사망했다. 이후 그녀의

무덤을 찾는 이들이 줄을 이었고, 그녀의 무덤으로 순례를 다녀온 이후 말끔하게 병이 낫는 기적들이 일어나자 1235년 교황 그레고리오 9세에 의해 그녀가 가톨릭 성녀로 선포되었다.

한편, 성직자 중에도 타락한 생활을 하는 이들이 있었다. 성직자들의 유곽 출입이 지나치게 많아서 골치를 앓던 뇌르트링겐 시참사회는 1472년 조례를 현실성 있게 고쳤다. 낮에 출입하는 것은 봐 주되 밤에 가는 것만은 금지하도록 한 것이다. 조례를 어기다 발각되면 벌금을 내야 했기에 일부 성직자들은 그 대안으로 퇴폐적인 목욕탕이나 선술집을 찾았다.

평생 목욕을 하지 않았지만 죽는 날까지 가난한 이웃과 병자를 돌보았던 성녀와 대중목욕탕을 밤낮없이 들락거려 몸은 깨끗했지만 타락한 생활을 했던 성직자, 과연 누가 더 깨끗하고 누가 더 지저분했던 걸까?

4 중세의 목욕탕에서는 무슨 일이?

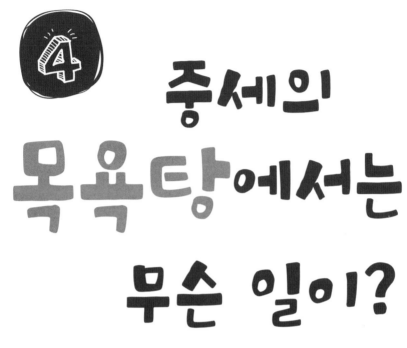

중세 영국 왕들의 궁정에서는 식사하기 전에 손을 씻는 것이 의례적인 절차였다. 중세 시민 계급의 집에서는 세면대로 벽을 장식하는 경우가 많았고, 그 시대의 지침서에는 토요일 저녁에 주간 목욕을 하라고 적혀 있었다. 이와 같은 목욕 문화는 고대 로마에서 그 뿌리를 찾을 수 있으며, 중세 유럽인들은 십자군에 종군한 사람이나 목욕 문화가 널리 보급된 이슬람 세계를 여행하고 돌아온 사람들을 통해 씻기와 관련된 여러 가지를 배울 수 있었다.

세계사에 있어 무슬림은 청결과 위생에 관해서는 한결같이 유럽보다 우위에 있었다. 청결이 교리에 언급되어 있기 때문이다. 이슬람교에서는 예언자 무하마드가 청결은 '신앙심의 절반'을 차지한다고 공언했고, 그 때문에 신도는 날마다 몸을 씻는 일을 게을리하지 않았다.

신도들은 하루 다섯 번씩 행하는 예배 전에는 손, 입, 코, 얼굴, 오른팔, 왼팔, 머리카락, 귀, 오른발, 왼발 순으로 씻는 우두(Wudu)를 치렀다. 볼일을 본 다음에는 반드시 손을 씻어야 하고, 대소변이 단 한 방울도 옷에 묻어서는 안 되기 때문에 그들은 씻

> 터키 이스탄불에서 우두를 하는 신도

고 또 씻기를 반복했다. 심지어 베인 상처에서 피가 흘러나와도 우두를 행했다. 그러니 간헐적이긴 하지만 거의 200년에 걸쳐 십자군 전쟁을 치르는 동안 유럽인들은 무슬림들의 청결과 위생 문화를 보고 배우는 바가 있었을 것이다.

중세 서양의 수도원에서는 육신의 때를 신성시했고, 농부든 귀족이든 아무렇지 않게 시궁창에 빠진 생쥐 같은 악취를 풍기고 다녔다. 그러다가 12세기 유럽에서 십자군 전쟁에 원정을 간 기사들은 이슬람의 목욕 문화에 이끌렸다. 무엇보다 그들이 주목한 것은 터키식 목욕탕인 하맘(Hammam)이었다. 하맘은 이슬람인들이 로마의 공중목욕 전통을 계승하여 만든 것으로 오늘날

변기에 빠진 세계사

흔히 터키식 증기탕으로 불리는 목욕탕이다. 기사들은 여성에 대한 숭배와 예의를 골자로 하는 기사도로 뭉쳐 있었기에 얼마 지나지 않아 씻지 않고 여성을 만나는 것은 부적절하다고 말하며 청결함을 찬양하기 시작했다.

중세의 목욕탕은 단순히 몸을 씻는 것 이상으로 다양한 것을 일상적으로 제공했다. 한동안 중세 유럽인은 하루에도 서너 군데의 목욕탕을 옮겨 다닐 정도로 목욕을 좋아했다.

중세 유럽의 목욕탕은 오늘날 우리가 알고 있는 공중목욕탕과는 사뭇 달랐다. 목욕 시중을 드는 도우미들의 시중을 받아 가

> 터키식 증기탕으로 불리는 목욕탕의 유적지 모습

며 남녀가 함께 목욕했다. 그들은 함께 먹고 마시며 놀다가 이발이나 면도를 받고 건강을 위해 피를 뽑기도 했다. 그뿐만 아니라 치료 목욕사에게 상처 치료나 종창 제거 같은 간단한 외과 수술을 받기도 했다. 치료 목욕사들은 장기간 교육을 받은 후에는 절단 수술을 할 수도 있었다. 그들은 인체 해부에 대해 풍부한 지식이 있었기에 페스트를 치료하던 의사들 가운데 다수가 사실은 치료 목욕사였다고 한다.

"향락의 장소로 변질된 중세 유럽의 대중목욕탕"

그렇게 12~13세기 유럽에서는 목욕탕 문화가 꽃을 피웠다. 그러나 시일이 지나면서 대중목욕탕은 점차 향락의 장소로 변질되었다. 13세기부터는 대부분의 유럽 도시뿐만 아니라 작은 시골 마을까지 목욕탕에서 향락을 즐겼다. 먹고 마시며 놀다가 취한 상태에서 싸움을 일으키기도 했다. 14세기 초부터는 결혼식 피로연까지 목욕탕에서 즐겼다. 음식을 먹고 마시고 취하는 것도 모자라서 음악을 연주하고 혼탕을 즐기면서 문란함은 더해 갔다.

13~15세기 오스트리아와 프랑스, 독일에서는 목욕탕이 남녀 사교장이나 매춘 장소로 악용되기도 했다. 귀족과 평민의 구별

없이 벌거벗은 몸으로 탕에 걸쳐 놓은 테이블 위에 차려진 술과 음식을 먹으면서 남녀가 어울리다가 분위기가 무르익으면 다른 방으로 가서 둘만의 쾌락을 즐겼다. 혼욕과 음담패설이 난무하는 퇴폐업소처럼 되어 버린 것이다.

중세 유럽의 도시에서는 매춘부를 유대인처럼 불결한 자로 간주하여 다른 시민들과 섞이지 않게 하고, 목욕탕 출입도 금지하는 경우가 많았다. 그러나 현실적으로는 불법 매춘을 전적으로 통제하는 데 한계가 있었다. 매춘부들이 손님을 만나기 위해

은밀히 거리로 나가거나 선술집과 공중목욕탕 등에서 영업을 하는 경우가 생겼기 때문에 매춘을 일일이 막기는 힘들었다.

　도덕주의자들은 독일과 스위스의 공중목욕탕에서 남녀가 알몸을 훤히 드러내고 다니면서 혼욕하는 일이 일반적이라는 사실을 알고 격분했다. 공중목욕탕에서 실제로 어느 정도로 방탕한 일들이 이루어졌는지 정확하게 알 수는 없지만, 당시의 그림들을 보면 남녀가 모두 옷을 걸치지 않은 전라의 상태로 함께 목욕탕을 이용하는 모습을 볼 수 있다.

　목욕탕이 차츰 소란을 일으키고 비행을 부추기는 장소로 인식되는 등 부정적인 면이 많아지자 정부에서는 이를 폐쇄하기도 했다. 게다가 타락한 성 문화와 매독과 같은 성병의 공포로 인해 사람들도 자진해서 목욕탕에 가기를 꺼리게 되었다. 교회 조직에서도 목욕탕 운영에 반대했고, 그러다 보니 점차 그 수가 줄어들었다. 인기가 많던 공중목욕탕은 그렇게 점차 사양길에 접어들게 되었다.

변기에 빠진 세계사

5

거리에서는

머리 위를

조심해야 한다

중세의 시골 농가에서는 추운 겨울이면 마구간이나 가축우리를 찾아가 배변을 보곤 했다. 그런 곳들은 바깥에 비해 따뜻하게 일을 볼 수 있다는 장점이 있었다. 일 층에는 마구간이 있고 이 층에는 살림집이 있는 농가의 경우에는 위층과 아래층 사이에 구멍을 뚫어 놓고 구멍으로 일을 보면 그대로 분뇨가 마구간으로 떨어졌다. 평상시에는 변기로 사용하는 구멍을 널빤지로 가려 냄새를 막았다. 또, 대부분 요강을 사용했다. 한밤중에 바깥에 나가 용변을 보기에는 손쉽게 등불을 밝힐 형편도 아니었고, 추운 날씨라면 옷도 따뜻하게 껴입어야 하기에 다급한 상황에서 여간 번거로운 것이 아니었다. 이때 요강은 긴요하게 쓰였다. 요강에 분뇨가 쌓이면 멀지 않은 곳에 있는 거름 더미나 마구간에 쏟았다.

중세에 위생과 관련된 문제들은 특히 도시에서 많이 발생했는데, 성벽으로 둘러싸인 도시 안에 많은 사람이 모여들어 인구 밀도가 지나치게 높아질 때면 특히 더 심했다. 좁은 골목길을 따라 늘어선 가옥들의 내부는 대부분 어둡고 축축했으며, 나무와 석탄을 이용한 난방 방식으로 공기는 심하게 오염되어 있었다.

변기에 빠진 세계사

사람들은 도시에 살면서도 시골식 생활 습관을 버리지 못해서 여전히 집 안에서 가축을 기르고 쓰레기도 아무렇게나 버렸다. 여러 가지 규정을 만들고 벌금을 부과해도 별 소용이 없었다.

중세 도시에서 분뇨를 처리하는 가장 손쉬운 방법은 성 밖을 둘러 파서 만든 해자(垓字)나 하수구, 도랑에 쏟아 버리거나 구덩이에 갖다 버리는 것이었다. 문제는 집 뒤편의 좁은 골목길 위로 도랑이 흘렀다는 점이다. 집 뒤편에는 제비집처럼 튀어나온 화장실이 있었고, 거기서 나온 분뇨가 도랑으로 직접 흘러 들어갔다. 한편, 뒷마당에는 작은 가축우리가 있어서 개인 화장실이 없는 사람들은 거기다 용변을 보았다. 경사지게 만든 하수구는 해자나 하천에 연결되었는데, 하수구가 충분히 경사져 있지 않거나 배설물의 양이 너무 많을 경우 오물이 거리로 넘쳤다. 이런 일은 거의 규칙적으로 계속 발생했다. 특히 비 오는 날이면 동물과 인간의 분뇨, 거름, 길 위의 오물들이 뒤섞여 끔찍한 냄새까지 풍겼다. 오물로 인한 악취 때문에 건물 뒤편에는 창문도 거의 없었다. 거리에 넘쳐나는 오물 때문에 사람들은 굽이 높은 나무 신을 신었다. 유행에 민감했던 일부 시민들은 값비싼 가죽 구두에 오물을 묻히지 않으려고 일부러 나막신을 신기도 했다.

중세 도시 전체가 냄새나고 더러웠던 것은 아니다. 어떤 도시는 거리를 청결하게 유지하려고 애썼다. 1546년 스위스 취리히

에서는 칙령을 제정하여 모든 분뇨 구덩이를 밤마다 청소하게
했다. 당시에는 나쁜 냄새가 건강에 해롭다고 여겼고, 분뇨 구덩
이나 하수구 등에서 올라오는 악취에 숨어 있던 독기로 인해 전
염병이 퍼진다고 생각했다. 그래서 밤마다 하수구 청소를 맡아
하는 사람들은 다른 사람들이 일어나기 전까지 모든 분뇨를 치
워 놓아야 했기 때문에 '밤의 장인(匠人)'이라 불렸다. 독일의 뮌
헨에서는 구덩이마다 돌아다니며 분뇨를 퍼내는 사람들을 '황금
을 캐는 사람'이라고 미화해서 불렀고, 프랑크푸르트에서는 '안
락함을 주는 개구쟁이'라고 칭하기도 했다.

"모두가 잠든 사이 '밤의 장인'이 거리를 다녀간다"

분뇨는 이용 가치가 높은 거름이 되기도 했기 때문에 취리히
시민들은 때때로 좁은 골목길에 짚을 깔아 가축의 분뇨를 가능
한 많이 받으려고 했다. 거름으로 쓰기 위해 거리에 쌓인 분뇨를
수거해 갈 때면 종종 깨끗하게 골목길이 청소되고는 했다. 그러
나 한편으로는 바로 그런 이유로 거리가 항상 거름 더미와 쓰레
기 더미로 덮여 있었다.

중세 도시 가옥의 화장실은 대부분 구덩이를 파고 그 위에 쭈

그리고 앉아야 하는 형태를 취하고 있었으며, 정기적으로 화장실을 청소해야 했다. 많은 사람이 드나드는 여관이나 성 같은 경우엔 개별 화장실을 갖추고 있었는데, 구멍 뚫린 의자에 앉아 볼일을 보면 그 아래로 연결된 파이프를 따라 배설물이 하수도나 오물 처리장, 해자 같은 곳으로 떨어지거나 흘러갔다. 그러나 일반인들은 밖에서는 상황에 따라 공중화장실을 이용하거나 풀숲 또는 강가 등 자연을 화장실 삼아 볼일을 보았고, 일반 가정에서는 요강이나 대야 같은 곳에 온 식구의 배설물을 모았다가 일정한 장소나 거리에 내다 버렸다.

중세 후기에 이르러 위생 상태는 더욱 악화되었다. 먹고살기 위해 도시로 몰려든 사람들로 인한 주택난을 해소하려고 4~5층 높이의 공동 주택들이 많이 건축되었기 때문이다. 당연히 꼭대기 층에 사는 주민들에겐 집 외부에 있는 화장실을 사용하는 것이 대단히 성가신 일이었기에 요강에 든 오물을 창밖으로 쏟아버리곤 했다. 창밖으로 투척한다고 해서 던지듯이 길에 붓는 것은 아니고 집 뒤나 길가에 파 놓은 도랑에 내버렸다.

도랑을 대로변에 파 놓은 경우에는 오물을 뒤집어쓰는 불운한 사람도 생겼다. 조준을 잘못했거나 손에서 미끄러진 요강이 떨어져서 생기는 사고였다.

"물 조심하세요!
외치는 소리가 들리면
머리 위를 조심해야 한다"

그래서 오물을 내던지기 전에는 아래의 행인이 봉변을 당하지 않도록 반드시 창밖으로 정해진 고함을 질러서 경고를 해야 하는 규칙이 있었다.

프랑스에서는 행인에게 "Gardez l'eau!(가흐데 로! 물 조심하세요!)"라고 외쳤다. 이는 시간이 흐르면서 유럽 어디에서나 통하는 말이 되었다. 스코틀랜드의 경우 가족들의 오물을 통에 모아 길이나 골목으로 난 창을 통해 쏟아버리며 "Gardy loo!(가르디 루!)"라고 외쳤다. 스코틀랜드의 수도 에든버러에서는 그런 일이 매일 밤 모든 집에서 일어났다. 이렇게 '물'이라는 뜻의 프랑스어 로(L'eau)가 '화장실'을 뜻하는 영어 루(Loo)로 바뀌게 되었다. '로'에서 '루'로 발음이 살짝 변했을 뿐이지만 그 뜻은 '물 조심하세요'에서 화장실 즉, '똥오줌 조심하세요'로 변한 것이다. 위에서 아래로 오물을 버리면서 "Watch out below"라고 외침으로써 건물 아래로 지나가는 사람들에게 경고했던 말이 오늘날까지 남아서 "조심하시오"라는 뜻으로 쓰인다고 한다.

하지만 아무리 집 앞에 배설물과 오물을 버리는 일이 일상이었다고 해도 정도가 심해지면 그것에 대해 혐오감과 불쾌감을 느낄 수밖에 없다. 단지 상황이 열악하여 참고 지냈을 뿐 중세인도 더러운 거리가 싫고 악취를 견디기 힘든 것은 당연한 일이었을 것이다. 게다가 더럽고 미끌거리는 길과 느닷없이 쏟아져 내린 분뇨는 행인에게 위험하기도 해서 프랑스 국왕이었던 프란츠는 칙령을 내려 문제를 해결하고자 했다. 배설물이 든 통을 밤에 길에다 그냥 쏟아버리는 악습을 금지시키고, 시민들에게 자기 집 앞 골목은 스스로 청소하도록 명령을 내렸다. 하지만 악습은 갈수록 심해졌고 완전히 몸에 배어 수백 년이 넘도록 이어져 내려왔다. 그래서 프랑스 시민들은 끝도 없이 이어지는 금지령을 자주 받아들여야 했다.

더 알아봅시다

거름 더미는 도시의 일부

중세의 도시는 오늘날의 도시와는 달랐다. 중세에는 도시에서도 소, 양, 염소 등의 가축을 길렀다. 돼지나 닭처럼 비교적 작은 가축들은 밤늦게까지 거리를 배회하고 다녔다. 가축들은 여기저기 돌아다니며 분뇨를 먹어 댔고, 분뇨를 먹은 동물들 역시 분뇨를 만들어 냈으므로 거름 더미는 오랫동안 도시의 일부가 되었다. 1599년 독일의 뉘른베르크 중심부에는 386개나 되는 거름 더미가 있었으며, 그 가운데 공동으로 관리하는 더미만 해도 25개나 되었다. 시에서는 공동으로 관리하는 거름 더미에 높은 수수료를 부과하여 그 수익금으로 시립 고아원을 운영했다.

변기에 빠진 세계사

6 입 냄새 대마왕을 찾아가!

고대인들은 이가 아프면 악마의 소행으로 생각해서 주술을 통해 악마를 퇴치하는 치료를 했다고 한다. 고대뿐만 아니라 어느 시대건 치통으로 인해 고통받는 사람들이 있었는데, 왕권신수설을 내세우며 군림하던 왕족과 귀족들도 예외는 아니었다.

당시 신대륙에서 재배한 사탕수수에서 추출한 설탕이 들어와 부유하고 높은 신분의 사람들은 설탕이며 사탕, 달콤한 과자와 초콜릿 음료 등을 접할 수 있었다. 꿀과 과일을 제외하곤 단맛을 보기가 쉽지 않던 그 시절에 정제된 설탕의 단맛은 그들의 혀를 매혹하기에 충분했다.

설탕 같은 단것을 많이 먹으면 세균 덩어리인 플라크가 덱스트린이라는 끈적끈적한 막을 만들어 음식물과 세균이 잘 달라붙는다. 이로 인해 충치가 생기고 잇몸 질환이 생기기 쉬워지는 것이다. 그리고 충치와 잇몸 질환은 곧 고약한 입 냄새의 주원인이 되었다.

값비싼 설탕을 맛보기 힘든 일반 백성들과 달리 설탕 과자와 초콜릿 음료 등을 즐겼던 왕족과 귀족들은 단것으로 인해 이가

> 입 냄새가 심했던 루이 14세

썩고 빠지는 경우가 많았다. 그중 입 냄새 대마왕을 뽑자면 영예의 대상은 단연 루이 14세(1638~1715)에게 돌아갈 것이다.

루이 14세의 입에서는 시체 썩는 냄새가 났다고 한다. 그의 지독한 입 냄새는 당시 궁정 안의 사람들도 다 알 정도였는데, 그의 애첩이었던 몽테스팡 부인은 루이 14세의 입 냄새로 고통받았다. 그렇다고 신으로부터 왕권을 받았다는 국왕에게 차마 뭐랄

수는 없는 노릇이기에 자기 몸에 달콤한 사향 향수를 퍼붓다시
피 해서 상대의 냄새를 가렸다.

　루이 14세의 입 냄새가 심했던 것은 구강 상태가 엉망이었기
때문이다. 평소 그는 식탐이 많아 먹는 것을 즐겼는데, 충치로 인
해 치아 상태가 좋지 않았다. 그런데 그의 주치의 중 하나였던 앙
투안 다켕이 놀라운 권유를 했다. 충치가 심한 이를 뽑는 것은 물
론 충치 예방 차원에서 멀쩡한 다른 치아까지 죄다 뽑자는 것이
었다.

"루이 14세는 입천장에 구멍이 뚫려 입 냄새가 지독했다"

　19세기에 치과의사 호레이스 웰스에 의해 마취제가 발명되기
전에 수술은 공포 그 자체였다. 대마초나 아편 혹은 술로 환자를
취하게 만든 다음 수술하기도 하고, 환자를 수술대에 끈으로 꽁
꽁 묶은 후 보조원이 환자를 붙잡고 있는 동안 의사가 수술을 하
기도 했다. 수술 후에는 지혈을 해야 했는데, 마땅한 도구도 기술
도 없던 당시에는 인두로 지져 지혈했다.

　루이 14세는 주치의의 의견을 따라 멀쩡한 생니까지 빼다가
설상가상으로 턱에 금이 가고 입천장에 커다란 구멍까지 뚫렸

다. 어쩌다 그런 일이 생겼나 싶겠지만 생니를 빼는 일은 보통 힘든 일이 아니다. 잇몸 아래로 깊숙이 박힌 이를 하나도 아니고 여러 개 뽑느라고 있는 힘을 다해 힘을 쓰다 보면 턱뼈에 무리가 가고, 잘못 삐끗하면 입천장도 뚫릴 법하다. 그렇게 입천장에 커다란 구멍이 나자 이제는 상처를 지혈하겠다며 불에 달군 쇠막대를 인두 삼아 열네 번이나 지져 댔다. 그 고통은 상상할 수 없을 지경이었으리라. 하지만 그것마저 완벽한 치료는 되지 못했고, 그 결과 루이 14세가 와인을 마시면 절반은 코를 통해 다시 나왔다고 한다. 이가 없어 제대로 씹지 못한 음식물은 입과 코의 틈새에 낀 채 부패했다. 그랬으니 그의 입 냄새는 고약할 수밖에 없었다.

한편, 루이 14세의 아내인 왕비 마리 테레즈(1638~1683)의 입속 사정은 괜찮았을까? 그녀의 입속도 남편 못지않게 충치로 가득해 엉망이었다고 한다. 몽테스팡 부인을 비롯한 남편의 정부들을 참고 견디며, 남편이 신앙을 가지지 않는 것에 분개했던 마리 테레즈에게 유일하게 삶의 위안이 되고 즐거움이 되는 것은 스페인에 있을 때부터 즐겼던 '마시는 초콜릿'과 충실한 시녀들뿐이었다.

마신다는 표현을 쓴 데는 그럴 만한 이유가 있다. 초콜릿이라고 하면 은박지에 싸인 고체 형태를 떠올리기 쉽지만, 당시에는 물론 18세기에도 초콜릿은 고체 형태가 아니라 죽처럼 걸쭉한

> 치주염과 충치를 앓던 조지 워싱턴의 초상화

액체 형태였다. 카카오 가루에 설탕과 계피, 바닐라를 넣어서 우유나 물에 타 마셨다. 시도 때도 없이 초콜릿 음료를 마신 마리 테레즈는 결국 몸이 뚱뚱해지고 이가 모두 썩어서 새까맣게 되고 말았다.

조지 워싱턴(1732~1799)은 미국 독립 전쟁을 승리로 이끈 장

군이자 미국 초대 대통령을 두 번 연속 역임한 인물이다. 이 초상화는 당대 미국에서 유명인들의 초상화 화가로 명성이 높았던 길버트 스튜어트가 그렸다. 초상화를 그릴 당시 64세였던 조지 워싱턴은 모델로서는 그다지 바람직하지 않았다고 한다. 그는 차분히 있지 못하고 정신을 딴 데 팔곤 했는데, 거기에는 신체적인 문제가 있었다. 입안이 불편해서였다.

그는 젊은 시절부터 치주염과 충치를 앓았고, 세월이 지나면서 치아를 모두 잃었다. 그래서 틀니를 끼게 되었는데, 당시에는 기술이 부족했기 때문에 조잡한 형태의 틀니는 여간 불편한 게 아니었다. 틀니를 끼면 그 덕분에 얼굴이 홀쭉해 보이지는 않았지만, 틀니가 입 밖으로 빠져나가지 않도록 입술과 얼굴 근육을 계속 긴장시켜야 했다. 이 때문에 그는 입술을 꽉 다무는 버릇이 생겼고, 부자연스러운 인상이 되었다.

이유를 알게 된 길버트 스튜어트는 결국 틀니를 빼고 솜뭉치를 워싱턴의 입에 넣어 대통령을 위엄 있어 보이도록 그렸다고 한다. 그렇게 마무리된 그림임에도 불구하고 조지 워싱턴의 초상화를 보면 입을 꾹 다물고 있어서 무뚝뚝하고 심술이 나 있는 것 같은 인상이다.

'미국 건국의 아버지'라 불리는 워싱턴은 부자인 미망인과 결혼하여 수많은 노예가 일하는 농장을 소유할 정도로 돈이 많았

다. 하지만 아무리 갑부라 한들 당대의 치의학 기술로는 그저 조
잡한 틀니를 착용하는 것이 최선이었으니 그 불편과 통증이 오
죽했을까 싶다.

· 더 알아봅시다

루이 14세의 양치질법

루이 14세의 양치질은 알코올을 입에 머금었다 뱉는 게 전부였다. 시종이 왕
의 손에 다른 것이 혼합되지 않은 순수한 술을 조금 뿌려 주면 왕은 그것으로
입속을 헹구고 얼굴을 닦았다. 그것으로 씻기가 마무리되었다. 이런 양치질로
는 입속에 먹고 남은 음식물 찌꺼기가 제대로 제거되지 않았고, 엉망인 구강
위생은 지독한 입 냄새의 원인이 되었다.

 변기에 빠진 세계사

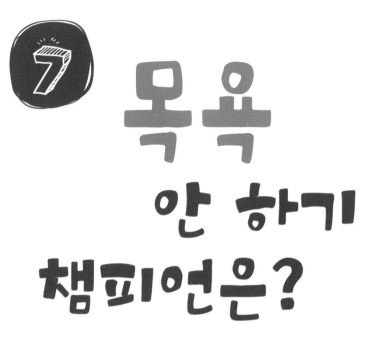

7 목욕 안 하기 챔피언은?

17세기에 그려진 그림 중에는 종종 느슨한 속옷 차림으로 제 몸을 열심히 들여다보며 이나 벼룩을 잡는 모습이나 아이의 머리를 빗겨 주면서 머리카락 속에 있는 이를 잡는 모습을 찾아볼 수 있다. 그만큼 이나 벼룩은 어른, 아이, 부유층, 빈민층 가리지 않고 많은 사람을 괴롭혔다.

가난한 사람들은 몸을 씻을 만한 형편이 못 됐다. 종일 일하느라 시간도 없고 피곤한 데다 씻을 물과 도구도 부족했다. 그저 더운 여름 일을 마치고 집에 오는 길에 냇물에 멱을 감은 정도가 그들의 목욕이라면 목욕일 수 있었다.

더럽고 지저분한 것은 먹고살기 힘든 민중들만의 문제는 아니었다. 부유했던 귀족들이나 왕족들 역시 불결하기는 마찬가지였다. 담비 가죽이니 비단이니 우단이니 하면서 겉으로는 한껏 가꾸고 멋을 냈지만, 그 안에는 전혀 다른 세상이 펼쳐져 있었다. 일 년 내내 씻지 않은 몸에서 떨어진 살비듬을 먹겠다고 달려드는 이와 벼룩이 들끓는 세상 말이다.

서민에 비해 씻을 물과 도구가 풍족했을 그들에게 이게 웬일인가? 당시의 왕족과 귀족들은 의사들로부터 몸을 구석구석 씻

변기에 빠진 세계사

> 17세기에 그려진 헤라르트 테르 보르흐의 〈아이의 머리를 빗겨 주고 있는 여인〉

지 말라는 권고를 받았다. 일부 의사들은 인체의 분비물이 보호막을 형성한다고 주장했고, 이로 인해 몸을 씻는 데 완벽한 시설을 갖춘 궁전에 살았던 왕과 왕비조차 가난한 농민과 마찬가지로 목욕을 자주 하지 않았다. 신분 고하를 막론하고 전신 목욕이나 온수 목욕을 하지 않은 것이다.

"앙리 4세, 아들 루이 13세, 손자 루이 14세… 삼 대에 걸친 막강한 라인업"

프랑스 국왕 앙리 4세(1553~1610)도 물을 두려워했다. 앙리 4세는 재무상이었던 쉴리 공작을 부르기 위해 보낸 신하로부터 그가 욕조 안에 있었다는 이야기를 듣고는 다시 신하를 보내 쉴리 공작에게 집 밖으로 나오지 말라는 명령을 전했다. 목욕으로 질병에 걸리기 쉬운 상태가 되었으니 안전해질 때까지 어떤 상황이라도 집 안에 머물라는 것이었다. 그만큼 앙리 4세는 물을 두려워했으며, 더운물 목욕을 하지 않았다. 사정이 그렇다 보니 몸 냄새가 지독하기로 악명이 높았다.

부전자전이라고 그의 아들 루이 13세(1601~1643)도 목욕을 꺼리던 아버지의 선례를 따랐다. 그의 '안 씻기' 역사는 갓난아기 때부터 시작되었다. 기록에 의하면 갓 태어난 왕자는 생후 6주 후에 머리 마사지를 받았고, 7주 후에 지루성 피부염 치료를 위해 버터와 아몬드 기름을 발랐다. 태어난 지 아홉 달이 지나서야 왕자의 머리카락을 빗겼고, 다섯 살이 되어서야 처음으로 왕자의 다리를 미지근한 물로 씻어 주었다고 한다. 왕자가 처음으로 욕조에서 전신 목욕을 한 것은 거의 일곱 살이 되어서였다니 놀

랍지 않은가!

　그러니 루이 13세가 평생 꼬질꼬질했을 것은 당연한 일이었다. 그런데 루이 13세는 그것을 부끄럽게 여기거나 숨기려 들지 않았다. 어려서부터 아버지인 앙리 4세를 좋아하고 존경했던 그는 "나는 선왕을 닮아 겨드랑이에서 암내가 난다"고 자랑을 했다. 별 걸 다 자랑한다 싶지만, 어쩌면 앙리 4세와 루이 13세는 겨드랑이 냄새를 비롯한 체취를 일종의 페로몬 정도로 여긴 건 아닐까 싶다. 특히 앙리 4세가 애첩과 정부가 많은 바람둥이로 유명했던 것을 감안하면 더 그렇다. 자신의 몸에서 나는 냄새에 신경을 쓰고 주눅이 들거나 조심하는 사람이었다면 여성을 가까이하기 힘들었을 테니 말이다.

　루이 13세의 아들인 루이 14세도 목욕하는 것을 싫어했다. 그는 베르사유 궁전에 폭 3미터, 깊이 1미터쯤 되는 팔각형의 작고 예쁜 자줏빛 욕조를 들여놓았지만, 정작 자신이 목욕하는 것은 꺼렸다.

　루이 14세는 활동량이 많은 사람이었다. 그는 열심히 펜싱을 하고 군사 훈련을 했다. 특히 발레를 좋아했기에 젊은 시절 매일 두 시간씩 꼬박꼬박 발레 연습까지 했다. 그랬으니 얼마나 땀을 많이 흘렸겠는가? 하지만 그는 아무리 땀을 흘려도 더운물로 샤워를 하거나 욕조에 몸을 담그지 않았다. 그렇다고 몸에 신경을 쓰지 않은 건 아니었다. 평소 땀을 몹시 많이 흘렸기 때문에 루이 14세가 아침에 일어나면 두 명의 주치의와 간호사가 왕의 침실에 함께 들어가서 그의 몸을 리넨 천으로 문질러 닦고 자주 셔츠를 갈아입혔다. 그러니까 루이 14세는 이른바 '드라이 샤워(Dry Shower)'를 했던 셈이다.

목욕을 안 하기로는 영국의 엘리자베스 1세 여왕(1533~ 1603)도 만만찮았다. 그녀 스스로 '한 달에 한 번 목욕했다' 라고 말했다는 기록이 남아 있다. 한 달에 한 번 목욕한 것도 청결과는 거리가 있지만, 그래도 루이 13세나 제임스 1세에 비하면 깨끗한 편이다. 그리고

> 한 달에 한 번 목욕했다는
엘리자베스 1세 여왕

한 달에 한 번 목욕했다고 해서 엘리자베스 여왕이 지저분하고 위생 관념이 없었다고 오해하면 곤란하다.

기록에 의하면 엘리자베스 여왕은 한 궁전에 머무르지 않고 수시로 궁전과 성을 옮겨 다녔다. 지방 귀족들과 영주들의 초대를 받아 그곳에 가서 오래 머물기도 했다. 그녀는 그것이 재정을 아끼는 방법이라고 했는데, 여왕 혼자 가는 게 아니므로 왕실에 딸린 시종이며 하인이 먹고 자는 데 드는 돈이 절약된다는 논리다. 그런데 그녀가 거처를 옮겨 다녔던 또 다른 이유는 궁을 비워서 남은 하인과 일꾼들이 대청소를 할 수 있도록 하기 위해서였다. 깨끗이 청소해 놓으면 궁전에 돌아와 지내다가 시간이 지나면서 또 지저분해지고 냄새가 난다 싶으면 다른 성에 가서 한동안 머

물다 오는 식이었다. 그러니 그녀가 자주 목욕을 하지 않은 것은 위생 관념이 없거나 타고난 성정이 게으르고 무뎌서가 아니었다.

엘리자베스 1세 여왕의 뒤를 이어 영국의 제임스 1세가 된 스코틀랜드의 제임스 6세(1566~1625)도 잘 씻지 않은 것으로 알려졌다. 그는 어린 시절부터 영국 국왕이 된 1603년까지 물을 채운 그릇에 손가락을 넣고 꼼지락거렸을 뿐 몸은 씻지 않았다고 한다. 이런 것을 보면 당시에는 목욕에 대해 일종의 공포랄까 위험, 의구심이 퍼져 있었던 것을 알 수 있다.

"공주님을 남루한 속옷에서 구하기 위해 오스텐트를 함락시켜야 해!"

왕실 여성 가운데 안 씻는 챔피언이라면 단연 스페인의 이사벨라 공주를 들 수 있다. 펠리페 2세 때, 네덜란드는 스페인의 치하에서 독립하기 위해 애쓰고 있었다. 당시 네덜란드는 오늘날의 네덜란드와 벨기에 지역을 아울렀는데, 결국 개신교를 중심으로 하여 스페인으로부터 독립한 땅이 지금의 네덜란드이다. 그리고 스페인의 영향 아래 머물렀던 '스페인령 네덜란드' 지역이 지금의 벨기에에 해당한다.

펠리페 2세의 딸이었던 이사벨라 공주는 1601년 현재 벨기에

의 한 지역에 해당하는 플랑드르의 오스텐트를 공격하여 성이 함락될 때까지 슈미즈를 갈아입지 않겠다고 서약했다. 오스텐트는 끈질기게 버텼고, 그녀는 자그마치 약 3년 4개월 동안 슈미즈를 갈아입지 못했다. 그 결과 그녀의 하얗던 속옷은 황갈색으로 변했다고 한다. 스페인 백성들은 불결을 참아 낸 공주의 애국심에 감동했고, 그녀는 단숨에 국민적 영웅으로 떠올랐다.

만일 오스텐트를 결국 함락시키지 못했더라면 이사벨라 공주는 평생 그 속옷을 갈아입지 못했을 것이고, 속옷은 황갈색이 아니라 시커먼 색이 됐거나 아예 닳아서 나달나달하게 됐을지도 모를 일이다. 그랬으니 스페인 백성들은 이사벨라 공주의 속옷 상태를 노심초사하며 오스텐트를 함락시키기 위해 온 힘을 쏟았을 것이다.

회색빛이 도는 누르스름한 색깔을 말하는 '이사벨라 컬러(Isabella Colour)'는 바로 이 이야기 속 이사벨라 공주의 속옷 색깔에서 유래되었다고 한다. 여기에서 나아가 이사벨라 컬러의 털을 가지고 있는 개, 말, 새 등은 '이사벨' 또는 '이사벨리나'라고 불리기도 한다고 하니 재미있지 않은가?

8

400년간
목욕을
안 했다니!

코로나19가 세계를 휩쓸자, 많은 석학들은 코로나19 이후의 세상은 이전과 판이할 것이라는 진단을 내놓았다. 역사적으로 볼 때 전염병이 크게 돌고 난 다음에는 삶의 모습이 달라진 것이 사실이다.

페스트가 유럽을 뒤흔들자 당시 사람들은 최선의 방책을 구하고자 애썼다. 1348년 프랑스의 필립 6세는 파리대학교 의학부 교수들에게 역병의 원인과 치료법이 무엇인지를 밝혀내라고 지시했다. 교수들은 열심히 머리를 짜내어 『Opinion(오피니옹)』이라는 방대한 분량의 보고서 형식의 책을 펴낸다. 이 보고서에 의하면, 어깨와 서혜부에 생기는 페스트 선종에 대해 팔과 발목 부위에서 피를 뽑는 방혈법을 쓸 것과 몸이 막히지 않도록 관장법을 쓸 것이 권장됐다. 그리고 또 하나 권장한 것이 있었으니 그것은 바로 '목욕을 하지 않는 것'이었다. 어떻게 된 일일까?

사실 이 책은 병의 원인을 천문학에서 찾는 거창한 서술로 시작된다. 토성, 목성, 화성이 겹치는 3중합이 일어나면 질병을 일으키는 증기가 땅과 물에서 떠올라 공기를 오염시키고, 그 오염된 공기를 면역력이 약한 사람이 마시면 죽는다고 했다. 그렇다면 그들이 말한 '감염에 취약한 면역이 약한 사람'은 누구일까? 비만과 음주벽이 있거나, 극한 감정에 휩싸인 사람들의 경우 감염 우려가 크다고 했는데, 사실 그런 요소들은 새로울 게 없었다. 그런데 이전 학설들을 대충 짜깁기했다는 인상을 주지 않으려고 그랬는지 여기에 새롭고 참신한 주장 하나를 더했다. '뜨거운 목욕이 위험하다'는 것이었다. 이 황당한 주장은 곧 중세 말 사람들에게 공포를 심어 주며 삶 속으로 파고들었다.

"더운 목욕이 위험하다! 사람들이 400년간 목욕을 피한 이유"

그들은 뜨거운 목욕을 하면 사람의 몸이 축축해지고 긴장이 풀어져 피부의 땀구멍이 열리고, 열린 땀구멍을 통해 역병이 쉽게 몸 안으로 침투한다고 했다. 그리하여 200여 년 동안 역병이 창궐할 때마다 "죽기 싫으면 목욕탕과 목욕을 피하라"는 주장이 반복해서 등장했다.

그 뒤에도 사정은 달라지지 않았다. 1568년, 한 왕실 외과 의사도 더운 목욕의 위험성을 언급하면서 증기탕과 목욕탕을 이용하지 못하게 해야 한다고 주장했다. 왕실 의사의 조언이 그러했으니 사람들은 곧이곧대로 믿고 따랐는데, 그것은 사태를 더 악

화시켰다. 왜냐하면 환경이 지저분하고 위생이 소홀할수록 페스트균에 감염되기 쉬웠기 때문이다. 당시 전문가들이 내놓은 주장들은 더운 목욕을 금함으로써 환경과 사람을 더 지저분하게 몰아갔고 그것은 병이 더 퍼지는 결과를 초래했다.

14세기에 페스트로 인해 문을 닫는 목욕탕이 속출하면서 '목욕 없는 400년'이 이어졌다. 결국 16세기 유럽에서는 공중목욕 문화가 사라졌다. 매독과 페스트가 대륙을 휩쓸면서 목욕탕 사용 금지령을 내렸기 때문이다. 18세기 초까지 유럽에서는 전염병이 거의 해마다 돌았기 때문에 이에 대한 공포는 좀처럼 사그라들지 않았다. 고대 로마 제국에서는 편안함과 즐거움, 교제와 유혹을 선사했던 목욕이 유럽 대륙 대부분에서 공포의 대명사가 되었고, 물은 무슨 수를 써서라도 피해야 하는 적이 되었다. 이후 18세기 중반까지 유럽인은 신분 고하를 막론하고 물로 씻기를 멀리했다. 귀족들도 이틀에 한 번꼴로 포도주에 적신 수건으로 얼굴을 닦아 내는 것이 전부였다.

이베리아반도에 있는 스페인에서는 이사벨라 여왕과 페르난도 왕의 노력으로 1492년 '레콩키스타(Reconquista)'에 성공했다. 레콩키스타는 재(再)정복이란 뜻인데, 이전에 이슬람에 의해 정복되었던 스페인이 다시 이슬람을 정복하여 쫓아낸다는 의미가 있다.

"스페인에서는 목욕을 자주 하면 박해당했다"

이 레콩키스타로 스페인 내에서는 정치나 종교뿐 아니라 목욕 문화에도 큰 변화가 생겼다. 레콩키스타 이전까지는 목욕과 청결 문화가 선진적이었던 이슬람교 덕분에 대체로 청결과 위생에 신경 썼다. 그러나 레콩키스타 이후 기독교는 극단적인 방법으로 그 땅에서 이슬람교도들을 쫓아냈고, 그곳에 머물기를 원하면 기독교로 개종하길 강요했다. 그리고 진정으로 개종한 건지, 아니면 개종한 척하는 것인지를 감시했는데, 그것을 알아내는 척도 가운데 하나는 '이슬람교도적 의식 행위인 목욕'이었다. 어느 마을 아무개가 지나치게 자주 씻는다면, 그는 기독교인이 아닌 이슬람교도라고 보고 박해를 하는 식이었다.

한편, 서양과 달리 동양은 목욕 문화가 발달했다. 불교 전래 이후 몸을 씻음으로써 타락한 마음마저 정화한다는 종교 의식에서 비롯하여 목욕이 널리 보급됐다. 그리하여 신라의 귀족은 대부분 자택에 목욕 시설을 갖췄고, 사찰에서는 승려와 신도가 함께 쓰는 대형 목욕탕이 운영됐다.

고려 시대에는 욕탕에 팥과 녹두 등을 갈아 만든 가루비누와 향유, 향수 등을 갖춰 두고 사용했다. 고려인은 몸에 향을 내기

위해 난초 삶은 물로 목욕했는데, 난초는 민감한 피부를 진정시키고 피부를 하얗게 만드는 효과도 있었다.

조선 시대에는 몸을 드러내 보이는 것을 꺼리는 유교적 관습이 강했기 때문에 신주를 모신 사당에 제를 지내기 전 목욕재계할 때에도 의관을 정제한 채로 손과 발, 목 등 부분 목욕을 했다. 하지만 마음 놓고 전신 목욕을 하는 날도 있었는데, 음력 3월 3일 삼짇날, 5월 5일 단오날, 6월 15일 유두, 7월 7일 칠석, 7월 15일 백중 등에 날을 잡아 놓고 전신 목욕을 했다.

··· 더 알아봅시다

목욕 말고 빨래

르네상스 시대와 프로테스탄트 종교 개혁(16~17세기) 시대에는 깨끗한 복장이 그 사람의 됨됨이(영혼의 고결함)를 보여 준다고 생각했다. 그러한 생각 때문에 화려하고 멋있는 복장과 패션이 등장했으나 의외로 몸의 청결에 대해서는 그다지 고려하지 않았다. 자주 씻지도 않았거니와 씻어도 다른 사람에게 보이는 부분만 씻었다. 더불어 전염병이 창궐하던 시대에 "더운물 목욕을 하면 병에 걸린다"는 잘못된 의학 상식으로 인해 사람들은 청결과는 더 멀어졌다. 게다가 대중적으로 사용하는 섬유가 모직에서 빨기 쉬운 면직이나 아마포로 대체되면서 사람들은 목욕보다는 빨래에 더 신경을 쓰게 되었다.

왕들은 온천을 좋아해

BATH

역사에 따라 씻는 모습은 변화해 왔다. 고대에는 아무 문제가 없던 씻는 일이 중세에 들어서는 기독교식 금욕주의 및 페스트에 대한 두려움 때문에 드물어졌다. 그러다 18세기 중후반에 접어들면서 유럽 안에서 다시 목욕이 유행했고, 18세기 말경에는 영국과 프랑스를 불문하고 부유층이 해변을 방문해 바닷물에 뛰어들거나 영국의 로얄 턴브리지 웰스 같은 곳을 찾아가 광천수를 마시는 일이 유행했다. 물은 곧 신비의 명약이 되었는데 놀랍게도 이전과 달리 냉수뿐만 아니라 온수도 인기를 끌었다. 프랑스의 나폴레옹은 온수를 채운 개인 욕조에 누워 유럽 정복을 계획했다고 한다.

씻기가 활성화되면서 온천 문화도 활발해지고 의료 관광이 호황을 누리게 되었다. 온천으로 유명한 도시로 영국의 바스(Bath)가 있다. 대량의 온천수를 이용하는 로마식 온천탕이 있는, 로마 시대부터 잘 알려진 온천 도시였다. 목욕이 일상화되어 있었던 고대 로마 시대에 로마인들이 영국을 점령한 뒤 원주민 켈트 족의 성지였던 바스에 로마식 온천탕과 사원을 세운 것이다. 바스에는 당시에 사용하던 커다란 온천장이 아직도 잘 보존되어 있어서 가장 잘 보존된 로마의 목욕탕 유적지로 도시 전체가 유네스코 세계 문화유산에 등재되어 있다.

로마 제국이 멸망한 뒤 한동안 질병을 치료하고자 하는 소수의 사람만 드나들던 바스는 18세기에 들어서면서 영국의 부유층이 가장 선호하는 세련된 요양과 사교, 물놀이의 도시로 화려하게 거듭났다.

18세기에는 도로와 교통수단이 발달하면서 사람들이 보다 편하고 안락하게 여행길에 오를 수 있게 되었는데, 이에 따라 근대적인 여가 활동으로 관광이 부각되었다. 더욱이 18세기는 영국이 크게 번영한 시대로, 부유해진 중산층이 휴식과 오락, 사교를 원하게 되었고 이들을 만족시켜 줄 장소로 바스가 떠올랐다. 영국은 1842년 바스 지역에 공동세탁장 겸 목욕장을 개장했고, 1846년에는 목욕탕에 관한 법률도 만들었다. 산업 혁명과 함께 공중목욕탕 건설은 독일과 프랑스 등 유럽 전역으로 퍼졌다. 온천이라는 자연적인 요건과 대대적인 건축 붐, 그리고 영국 사교계를 성공적으로 바스로 끌어들인 리처드 내시(1674~1761)도 18세기의 화려한 휴양지 바스를 탄생시키는 데 일조했다. 이에 따라 바스는 전에 없는 번영과 전성기를 맞았고, 지역 이름이었던 '바스'는 목욕을 뜻하는 단어가 되었다.

바스 온천뿐만 아니라 엠스 전보 사건이 일어났던 엠스 온천

장, 콘스탄티누스 대제가 자신의 이름을 따 만든 콩스탕탱 온천 등 유서 깊은 온천들이 많다. 특히 헝가리는 '온천의 천국'이란 별칭이 붙었을 만큼 전국에 걸쳐 1300여 개의 온천이 있는데, 수도인 부다페스트만 해도 세체니 온천을 비롯한 크고 작은 온천들이 130여 곳이나 될 정도로 온천이 일상화되어 있었다. 그중 세체니 온천은 부다페스트 3대 온천 중 하나로 총 3개의 야외 수영장과 15개의 실내 수영장으로 이루어져 있고, 그 외에도 실내 사우나, 마사지, 헬스클럽, 병원 등 다양한 편의 시설들을 갖추고 있어 마치 하나의 테마파크 같다는 인상을 준다.

"조선의 왕들은 병을 치료하기 위해 온천 행궁을 했다"

한편, 우리나라 역사에도 조선 시대 초기 임금들이 온천욕을 즐겼다는 기록이 나온다. 태조 이성계가 재위한 14세기 말부터 15세기 중반까지 왕들은 온천을 위해 궁을 나와 여행했다.

백제, 신라 시대부터 이미 유명했던 충남의 온양온천에는 조선 태조부터 세종, 세조를 거쳐 현종, 숙종, 정조에 이르기까지 '온천 행궁'이 이어졌고 온천 가까이에 임금님이 머무는 숙소인 어실을 짓고 유숙했다. 이는 당시 왕들이 앓던 병을 치료하기 위한 목적도 있었다. 왕들은 여타 온천보다 더 뜨거운 57도씨의 온천수에 몸을 담그고 치료 겸 휴식을 취했다.

　조선의 왕들은 피부병, 눈병, 종기 등 다양한 병을 앓았다. 왕이 집무를 하자면 공문서며 상소문, 탄원서 등을 끊임없이 읽어야 하는데, 당시에는 오늘날과 달리 조명이 약하고 어두웠으니 자주 눈병이 났을 것이다. 또, 세수며 뒤를 닦는 일까지 담당하는 사람이 있었으니 왕들은 운동 부족에 혈액순환이 안 되어 여러 병을 달고 살았다. 특히 세종의 경우, 매끼 고기를 먹을 만큼 육식을 즐겼다. 신체 활동은 적고 늘 앉아서 책 읽는 데 골몰했기 때문에 비만과 당뇨, 고혈압 같은 성인병을 앓았다. '적게 먹고 많이 움직여야' 건강한 법인데, 왕들은 '많이 먹고 절대로 안 움직이는' 정반대의 생활을 했으니 건강이 안 좋을 수밖에 없었다. 그래서 조선 시대 임금들은 나라 안을 두루 살핀다는 뜻의 순행을 나가면서 겸사겸사 온천에 들러 피접(병을 앓는 사람이 치료를 위해 온천이나 산사 등에 가서 요양하는 것)했다. 가까이는 경기도 이천, 조금 멀리는 수안보온천이나 온양온천, 더 나아가서 부산의 동래온천까지 가기도 했다고 하니 조선의 왕들이 얼마나 온천욕을 즐겨 했는지 알 만하다.

　오래전부터 동서양을 불문하고 사람들은 온천이 가지고 있는 보건 작용을 경험적으로 알고 여러 형태의 탕치(湯治) 또는 온천

요법을 즐겼다. 온천요법은 일정 기간 온천지대에 머물면서 온천욕을 하는 것이 주지만, 더불어 각종 마사지나 온열요법, 운동과 식사요법, 심리요법 등을 병행할 수 있다. 이는 스트레스가 많은 현대인에게 질병을 예방하고 생활의 질을 높여 주는 데 적합한 요법이며, 서양의학을 보완하거나 대체할 수 있는 요법이 되기도 한다.

2장

이상하고
아름다운
오물의 변신

: 미용, 생활, 예술

아리스토텔레스의
탈모 방지법

오늘날 오줌은 변기통에서 물에 씻겨 사라지는 게 일반적이다. 하지만 역사 속의 오줌은 다양한 용도로 요긴하게 쓰였다.

고대 그리스 시대의 철학자 아리스토텔레스(BC 384~BC 322) 얘기부터 해 보자. 아리스토텔레스는 부유한 환경에서 성장했다. 마케도니아 국왕 필리포스 2세의 주치의였던 아버지 덕에 화려한 저택에서 많은 하인을 거느리고 여유롭게 살았다. 게다가 아리스토텔레스는 머리도 좋고, 공부에 대한 열정까지 남달랐다. 당대 최고의 철학자 플라톤의 밑에서 20여 년을 공부했고, 훗날 필리포스 왕의 아들인 알렉산드로스 왕자를 개인 교사 신분으로 7년간 지도했다. 그야말로 '엄친아'로 남부러울 것 없는 삶을 살았을 것 같은 그도 자신의 외모에는 자신이 없었다. 나이 들면서 머리숱까지 심하게 줄자 외모 콤플렉스에 시달렸다고 한다. 그는 탈모 예방을 위해 애썼는데, 그가 찾아낸 방법은 무엇이었을까?

지금으로부터 약 2500년 전인 기원전 4세기경의 전통적인 탈모 방지법은 바로 머리가 빠지는 부위에 염소의 오줌을 바르는 것이었다. 초식동물인 소나 염소 등의 오줌에서 약간의 약용 효과를 얻을 수 있었기 때문이다. 아리스토텔레스가 행했던 염소 오줌 치료법은 현대에도 지구촌 오지에서 민간요법으로 사용된다고 한다.

"고대에는 염소의 배설물을 대머리 치료제, 자양 강장제로 사용하기도 했다"

아리스토텔레스가 대머리를 치료하려고 염소 오줌을 머리에 문질렀다는 데서 '허걱!' 했다면, 다음 말에는 어떤 표정이 될지 궁금하다. 당시 사람들은 기운이 달릴 때 자양 강장제를 마시고는 했는데, 그 실체는 물에 되직하게 개어 낸 염소똥이었다. 사람들은 그것을 오늘날 보약 마시듯 사발째 들고 마셨다. 그만큼 이렇다 할 의약품이 없던 고대에는 염소 배설물이 이래저래 인기 있었다.

의학적으로 약효가 뛰어나다고 여겼던 것이 염소의 배설물만은 아니었다. 다른 동물의 배설물들도 많았다. 고대 로마의 정치가이자 학자였던 플리니우스가 쓴 『자연의 역사』에는 다양한 의학적 치료 방법을 풍부하게 실어 놓았는데, 사람의 똥오줌에 최고의 치유력이 있다는 믿음뿐만 아니라 다양한 동물의 배설물에

대해서도 상세하게 언급하고 있다. 재가 되도록 태워서 오일을 섞은 낙타 똥을 남자가 세 손가락으로 잡을 수 있는 양만큼 음료에 타서 마시면 이질이 낫는다거나, 낙타 오줌으로 목욕을 하면 온갖 종류의 궤양이 치료된다거나, 5년을 묵힌 낙타 오줌 한 모금이 관장용 설사제로 좋다는 등의 이야기가 나온다. 그 외에도 고양이 똥, 당나귀 오줌, 염소와 송아지와 멧돼지와 늑대 똥 등 여러 동물의 배설물을 약제로 사용하는 예가 실려 있다. 이후 디오스코리데스가 쓴 『약물에 관하여』에서도 여전히 동물의 배설물이 약재로 언급된다.

약으로 쓰인 것은 사람의 배설물도 마찬가지였다. 2세기의 의술서 저자 가운데 한 사람이면서 황제 마르쿠스 아우렐리우스의 아들을 보살피는 주치의였던 갈레노스가 시리아에서는 페스트에 걸린 환자들이 남자아이의 소변을 받아 마셨다고 전한 바 있다. 또 그는 남자아이의 대변을 말려서 아티카의 꿀을 섞은 후 복용하면 결핵에 좋다고 했다.

19세기 말 존 그레고리 버크가 쓴 『신성한 똥』에도 약으로 쓰인 똥오줌에 대한 자세한 설명이 나와 있다. 치료 요법으로 배설물을 사용하던 옛 풍습뿐 아니라 시대별로 유명한 의학자들도 약제로서의 똥오줌을 자주 언급했다. 예를 들면, 아픈 눈에 염소의 똥을 바르면 잘 듣는다든가, 늑대의 똥은 백내장을 치유하는

데 효과가 있다든가, 목에 가시가 걸렸을 때는 고양이의 똥으로 목 부위를 마사지하면 된다든가 하는 식이다. 복통에는 늑대의 똥을 가공하여 마시면 좋고, 두통에는 비둘기 똥을 먹거나 붉은 암소의 똥이나 공작의 똥을 바르면 좋다는 말도 있다.

동양에서도 예로부터 오줌은 의약품으로 사용되기도 했다. 특히 어린아이의 오줌인 동자뇨(童子尿)는 한의학에서 상약(上藥)으로 여겨질 만큼 그 효능이 알려져 왔다.

"옛날부터 사람들은 다양한 동물의 배설물을 약제로 사용했다"

똥오줌을 의약품으로 사용했던 사례는 셀 수 없이 많다. 배설물이 약으로서 효능이 있다는 것은 유명한 학자들의 책에서는 물론이고 수많은 나라와 지역의 민간요법에도 등장한다. 각종 병으로 고통받았을 옛날 사람들이 변변한 치료 약 없이 온갖 동물의 똥오줌을 약제랍시고 기상천외한 방법으로 사용했을 것을 생각하니 마음이 짠해진다.

이처럼 오래전부터 동서양을 막론하고 만병통치약처럼 사용되었던 다양한 동물들의 똥오줌은 언제부터인가 더 이상 약으로

사용하지 않게 되었지만, 아직도 세계 곳곳에서 민간요법으로 배설물을 활용하고 있다.

역사 속 똥과 오줌이 다양한 용도로 요긴하게 쓰인 것을 알고 나니 더러운 배설물로만 보이지는 않는 것 같다. 전과는 달리 귀한 자원 같아서 앞으로는 화장실 변기의 물 내리는 버튼을 누르기가 망설여질지도 모르겠다. 소중한 자원이 버려지는 것이 아까워서 말이다. 옛날이었으면 이 똥오줌을 얼마나 소중히 사용했겠는가.

2 오줌으로 치아를 하얗게!

고대 로마 시대의 상류 사회 사람들은 정복지에서 데려온 노예에게 온갖 일을 시켰는데, 심지어는 칫솔질을 전담하는 노예까지 두었다고 한다. 치약 묻힌 플라스틱 칫솔로 양치질하는 오늘날과 달리 당시에는 분말 광택제를 묻힌 연한 잔가지로 노예가 주인의 치아와 잇몸을 살살 문질러 음식물 찌꺼기를 닦아 냈다.

로마인은 가끔 구강세정제도 사용했다. 오늘날처럼 박하향이나 사과향이 나는 제품을 상상하면 역시 오산이다. 그들의 구강세정제는 다름 아닌 오줌이었다. 오줌에서 특별한 성분을 추출해서 쓴 것도 아니고, 있는 그대로의 오줌이었던 데다가 한술 더 떠서 오래 묵혀서 고약한 냄새가 나는 것을 사용했다. 그중에서도 포르투갈인의 오줌이 인기였는데, 잇몸을 튼튼하게 하고 미백 효과가 좋다고 해서 비싼 값을 치르고 포르투갈에서 수입해 썼다.

얼마나 효과가 좋았을까? 사실 포르투갈인의 오줌이라고 해서 특별할 리는 없다. 단지 당시 이베리아반도 끝에 있는 포르투갈에서 지중해에 위치한 로마까지 물건을 운송하려면 시일이 꽤 걸렸고, 그 때문에 오줌이 발효·숙성되면서 효과가 났으리라 짐작할 수 있다.

원래 몸 밖으로 막 배출된 신선한 상태의 오줌은 페하(Ph) 6 정도로 약산성을 띤다. 몸속에서 암모니아는 요소의 형태로 오줌 속에 녹아 있기 때문이다. 하지만 오줌이 몸 밖으로 나오면 오줌 속의 요소는 공기와 접촉하면서 암모니아로 바뀐다. 그래서 시간이 흐를수록 공기와 접촉이 많아지면서 점점 더 진한 암모니아가 생겨나는 것이다.

상상해 보면 참 고역이었을 것 같다. 오래되어 진하게 농축된 오줌 냄새를 떠올려 보라. 오랫동안 청소하지 않고 방치된 화장실에서 나는 코를 찌르는 냄새가 풍겼을 것이다. 그런 오줌을 치아 관리랍시고 사용했던 것은 18세기까지 이어졌는데, 구강세정제처럼 사용하던 로마와 달리 영국과 독일에서는 흰 붓꽃가루에 오줌을 섞어 치약으로 사용했다고 한다.

예전과 달리 치아 관리가 쉬워진 데는 칫솔과 치약의 영향이 크다. 현대인이 쓰는 칫솔은 18세기에 윌리엄 에디스라는 영국인이 발명한 것에 가깝다. 폭동 선동죄로 투옥된 그는 천으로 치아를 닦는 것만으로는 만족하지 못해서 새로운 방법을 고안해냈다. 먹고 남은 돼지 뼈에 구멍을 뚫고 빗자루 털을 끼워 넣어 이 닦는 기구를 만든 것이다. 그것이 오늘날 우리가 쓰는 칫솔의

가장 유사한 형태의 시작이었다.

　그 외에도 오줌을 사용한 경우는 많았다. 중국의 「삼국지위서동이전」에 의하면 고대 아무르 유역 주민들은 실내 한가운데에 변기통을 두고 거기에 모두 소변을 보았는데, 그렇게 모인 오줌으로 몸이나 식기를 씻었다. 또한, 이 책에는 우리 선조들이 오줌으로 손을 씻고 옷을 빨았다는 얘기도 나오고, 조선 말기까지 여자들이 오줌으로 머리를 감았다는 이야기도 전해진다.

"오줌은 인류 최초의 비누이자 샴푸였고 주방세제였다!"

　에스키모인을 비롯한 잉카인, 아일랜드인은 동물의 가죽을 무두질할 때 오줌을 이용했다.

　유라시아 대륙의 북방에 살던 사람들에게도 오줌은 생활에 요긴하게 쓰였다. 시베리아의 순록은 오줌에 무척 민감하게 반응하기 때문에 그들은 야생 순록을 잡기 위해 오줌으로 순록을 유인하기도 했다.

　그린란드 동부 연안 지대의 에스키모 족은 가족의 오줌을 소중히 모아 두었다가 그것으로 설거지를 하거나 세수를 하고 머리를 감기도 했다고 한다. 오줌 속에 있는 암모니아가 머리카락

의 때나 지방을 없애 주기 때문이라고 하니 나름 과학적인 근거가 있는 방법이라 하겠다.

오줌으로 이를 닦고 세수하고 머리를 감는가 하면 설거지를 하다니 엽기적이다 싶겠지만 오줌의 용도는 거기서 그치지 않았다. 옷감을 세척하고 염색하기까지 했으니 오줌은 인류에게 최초의 비누이자 샴푸였고 주방세제였다고 해도 전혀 무리가 없겠다.

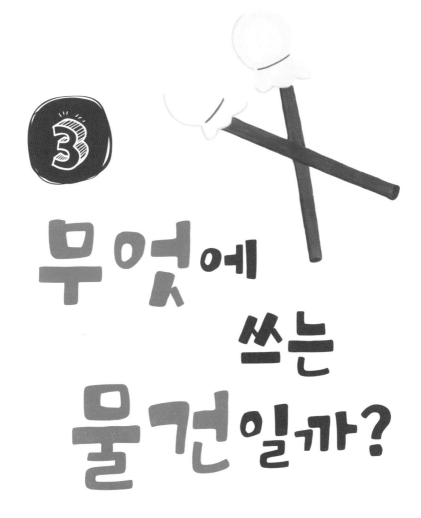

3

무엇에 쓰는 물건일까?

고대 로마의 통치자들은 도시에서 사람들의 왕래가 빈번한 곳에 공중화장실을 지어 놓았다. 시민들은 칸막이 없는 화장실에서 최대 40명까지 동시에 볼일을 볼 수 있었다. 이 공중화장실에는 스펀지 달린 막대기가 물이 담긴 통 안에 들어 있었는데, 사람들은 이것을 너나없이 돌려썼다.

공중화장실에 있는 스펀지 달린 막대기는 볼일을 본 다음 뒤를 닦는 데 사용되었다. 볼일을 마치면 물통에 꽂혀 있는 막대기를 손으로 잡고 반대편에 달린 스펀지로 엉덩이를 닦은 것이다. 그

시대에 휴지 같은 것이 있을 리 만무했다. 대신 공중화장실마다 비치되어 있는 막대기 끝에 부착된 헝겊이 휴지의 역할을 대신했던 것으로 알려져 있다. 막대기가 들어 있던 커다란 들통에는 소금물 또는 와인 식초 물이 한가득 담겨 있었는데, 막대기를 사용한 다음에는 물로 깨끗이 씻어 그 들통에 도로 넣어 두었다.

엉덩이를 닦는 물건을 여러 사람이 돌려썼다는 사실이 놀라울 수도 있다. 하지만 당시 상황에 비춰 보면 나름 위생에 신경을 쓴 것이었다. 막대기를 담가 둔 시큼하게 익은 와인에는 식초와 비슷한 성분이 있어서 어느 정도 소독이 되었을 것이다. 기록에 따라서는 소금물 통이라고 되어 있기도 하다. 소금이 비쌌던 당시에는 오래 묵어 시큼해진 와인 값이 더 저렴했을 것 같은데, 아마도 지역에 따라 구하기 쉬운 것을 넣지 않았을까 싶다. 소금이든 와인 식초든 소독 역할을 했다고 하더라도 영 꺼림칙하다고? 그렇다면 고대 로마 사람들이 썼던 다른 방법도 살펴보자.

고대 그리스 사람들은 납작한 돌이나 점토 조각을 조그만 자루에 넣고 다니다가 볼일을 본 다음 이것으로 뒤를 처리했다. 납작하고 손바닥만 한 돌멩이나 조개껍데기 등을 이용해서 변을 긁어 냈다고 한다. 이외에도 서민들은 주로 말린 짚이나 풀, 이끼 등을 작은 바구니에 담아 화장실에 두고 썼다. 그리고 로마인 가운데 경제적으로 여유가 있던 사람들은 부드러운 헝겊 조각으로 뒤처리를 했다.

　오늘날 우리의 눈으로 보면 비위생적으로 보일 수도 있으나 당대로서는 최선의 방안이었을 것이다. 당시에는 두루마리 휴지는 말할 것도 없고 글씨를 쓸 종이도 발명되지 않았다는 것을 잊지 말자. 사실 오늘날에도 문명의 이기가 닿지 않는 정글이나 밀림 등지에서는 여전히 주변에서 구할 수 있는 재료로 뒤를 처리하고 있기도 하다.

"용변을 본 다음 뒤를 닦는 물건에도 계층 간 차이가 있었다"

　용변을 본 다음 뒤를 닦는 데에도 분명 계층 간의 차이가 존재했다. 평민들이 청결을 위해 그저 물로 씻거나 지푸라기나 말린 풀 등을 이용할 때, 상류층에서는 더 부드러운 소재를 사용했다. 16세기 프랑스의 리슐리외 추기경은 대마 찌꺼기를 사용했으며, 17세기 문필가 스카롱은 밀기울을, 그리고 루이 14세의 두 번째 부인이었던 맹트농은 양털을 사용했다. 18세기의 귀부인들은 용변을 본 다음 질 좋은 천을 사용해 뒤를 처리했다. 한편, 러시아에서는 17~18세기에 전나무를 작은 삽 모양으로 만들어 사용하기도 했다.

그리고 마침내 '종이의 시대'가 열리자 차차 종이가 그 자리를 대신하게 되었다. 스위스 루체른 출신의 연대기 저자인 카이사트르는 16세기 후반에 엉덩이를 지푸라기로 닦는 이제까지의 방식 대신 휴지로 닦을 것을 제안했다. 이처럼 공개적으로 휴지의 사용을 언급하는 것은 매우 드문 일이었다.

그러나 용변을 본 다음 종이로 뒤를 처리한 것은 유럽보다 이슬람 문화권에서 꽤 앞섰다. 서기 851년, 어떤 유럽 여행객은 이슬람 국가를 여행한 뒤 "그들은 매우 청결한 사람들이다. 용변을 본 후 물로 처리하지 않고 종이로 닦아 낸다"라고 기록했다. 아랍인은 종이를 발명한 중국인의 영향으로 일찌감치 휴지를 썼을 것으로 생각된다. 이를 통해 9세기에 휴지가 이미 사용되었음을 알 수 있다.

서기 100년경 중국 후한 시대에 채륜이라는 환관이 종이를 발명하여 중국에선 최소 6세기 이전에 휴지를 사용했을 것으로 추정된다. 물론 서민들이 접하기에 종이는 여전히 부담스러운 것이었지만, 중국 왕실에서는 왕족을 위해 가로 60센티미터, 세로 90센티미터의 종이 72만 장, 그리고 가로 90센티미터, 세로 90센티미터의 종이 15만 장을 향수로 처리한 다음 창고에 보관했다는 기록도 있다.

"돌, 지푸라기, 천에서 휴지까지…
뒤처리는 변화 중"

　그 후로 서구에서 많은 사람이 휴지를 사용하기까지는 천 년이 넘게 걸렸다. 1857년 미국에서 조지프 코예티가 휴지를 상품화하여 시장에 첫선을 보였으나 큰 호응을 얻지는 못했다. 그도 그럴 것이 당시의 휴지는 종이를 낱장으로 포장한 것에 지나지 않았고, 대개의 사람은 인쇄도 안 된 종이를 사서 뒤처리를 한다는 것을 이상하게 여겼다. 공중화장실에 가면 낡은 카탈로그며 신문 광고지들이 쌓여 있어서 용변을 보는 동안 지루하지 않게 시간을 보내고, 이후에 그것으로 뒤처리를 하면 되었기에 굳이 인쇄도 안 된 종이에 돈을 쓸 필요를 느끼지 못했던 것이다.

성 밖으로 나온 배설물은 어디로 갔을까?

중세 유럽의 성곽은 장엄하고 아름답다. 물자며 기술이 부족했을 그 시대에 어떻게 저런 건축물을 지었을까 싶다. 크고 육중한 돌덩이들을 쌓아 올린 돌벽, 멋을 부린 뾰족탑들, 조그맣게 구멍 난 창문들은 그 당시 사람들의 삶을 상상하게 만든다. 그러다가 문득 당시의 화장실은 어떤 모습일지 궁금해진다.

중세 사람들은 화장실을 어디에 설치할 것인지 신경을 많이 썼다. 사람들의 왕래가 적은 곳에 배설물이 떨어지게끔 가능하면 건물 외벽의 한적한 곳을 끼고 화장실을 설치했다. 대개 튼튼한 벽 안쪽에 대기실이나 변기를 설치했지만, 그러한 시설을 수용할 만큼 벽이 단단하지 않을 때는 구멍을 뚫어 돌출 창을 만들었다.

성벽 밖으로 돌출된 화장실을 만들고, 해자 밑바닥까지 닿는 견고한 도관을 설치하여 오물이 도관을 통해 내려가도록 했다. 도관의 입구는 필요할 때마다 청소할 수 있도록 충분히 크게 만들었으며, 악취와 해로운 공기가 빠져나갈 수 있도록 도관에 환기창을 뚫었다.

오래된 왕궁인 시농성의 간략한 도면에는 왕의 침실 옆에 바

깥으로 돌출된 작은 화장실 공간을 그려 넣었다. 때로는 무도회장이나 기도실에서 직접 들어갈 수 있게 만든 화장실도 있었지만 어떤 화장실이든지 실내에 악취가 나지 않도록 밖으로 돌출된 곳에 변기 구멍을 설계해 만들었다.

돌출형 화장실은 중세의 성에 가장 널리 보급된 화장실 형태인데, 이는 역청 투하용 성벽 돌출부를 모방한 것이었다. 역청 투하용 성벽 돌출부란 중세에 전쟁을 치를 때 성벽을 타고 올라오는 적에게 뜨거운 역청이나 타르를 쏟아붓기 위해 성벽 밖으로 튀어나오게 만든 곳을 말한다. 중세의 성을 밖에서 보았을 때, 성벽 돌출부와 이 형태의 화장실을 모양만으로 구별하기는 쉽지

> 중세 성곽의 돌출형 변소(좌)와 내부에서 본 모습(우)

않다. 하지만 돌출부가 길이나 성문 위에 설치되어 있으면 역청 투하용 성벽 돌출부이고, 그 외의 성벽에 조그맣게 튀어나와 있는 부분은 대부분 돌출형 화장실이라고 보면 거의 무리가 없다.

중세의 성 화장실은 수세식이나 푸세식이 아니었다. 굳이 이

름을 붙이자면 '떨굼식'이라고 해야 할까. 성의 구석진 곳에 성 밖으로 한 평쯤 되는 공간을 마련하여 화장실을 만들고, 그곳에 '가드로브(Garderobe)'라고 하는 가운데가 둥글게 뚫린 나무 의자를 두었다. 가드로브는 원래 옷장이나 의복을 주로 뜻하지만, 중세에는 특히 화장실을 뜻할 때가 많았다.

이런 구멍 위에 앉아서 볼일을 보면, 성벽 밖으로 튀어나와 있는 화장실에서 배설물이 수직 낙하하여 성벽을 타고 아래로 떨어졌다. 돌출 창과 벽 사이의 거리가 가까울수록 성채의 벽은 오물로 뒤범벅이 되어 엉망진창이 되고는 했다. 오래된 돌출형 화장실이 달린 성벽을 보면 오늘날까지도 배설물의 흔적이 남아 있는 것을 종종 볼 수 있다. 사람들은 이런 문제를 해결하기 위해 돌판을 화장실 구멍에 끼워 넣음으로써 배설물이 성벽이 아닌 다른 쪽으로 떨어지게 했다.

"실내에 악취가 나지 않도록 변기 구멍을 성벽 밖으로 뚫었다"

배설물이 떨어진 곳이 강이나 호수라면 시간이 흐르면서 자연스럽게 정화되었을 것이다. 그리고 성을 둘러싼 해자에 고여 있던 물로 떨어지는 설계라면, 성 주위로 똥오줌이 섞여서 부패

> 성곽을 둘러싸고 있는 해자

하는 악취가 진동하고 파리며 모기 등 해충들이 들끓었을 것이다. 물로 채우지 않은 해자나 언덕, 둔덕 형태의 높다란 곳에 세워진 성의 경우에는 배설물이 변기와 연결된 매우 긴 굴뚝 모양의 파이프인 슈트(Chute)를 따라 해자 바닥이나 성 아래 오물 처리장에 쌓이도록 만들었다.

성 밖으로 똥오줌이 많이 모이면 허드렛일을 하는 인부들이나 하인들이 수시로 청소했다. 부지런한 일꾼이나 농부는 배설물을 실어다 비료로 썼음 직하다. 인공 비료가 개발되기 전, 인분은 무엇보다 소중한 천연 비료였으니 말이다. 하지만 일손이 모

자라거나 게을러 잊고 있으면 그냥 썩거나 말라붙기도 했을 것이다. 먹을 게 마땅찮은 겨울에는 배고픈 쥐나 새들이 먹었을지도 모르겠다. 일부는 곤충이나 박테리아가 자연적인 정화를 도왔을 테다.

재밌는 것은 어느 시대나 머리를 잘 쓰는 사람이 있어서 중세에 성을 설계할 때 화장실이 외양간 위쪽에 오도록 신경을 썼다는 점이다. 거기서 떨어진 분뇨가 가축의 오물과 뒤섞이게 하기 위해서였다. 가축의 축사 위로 변소를 만들기도 했다니, 제주도에서 똥돼지를 키웠던 것과 같은 이치랄까? 배설물을 가축이 먹거나, 아니면 가축의 배설물과 한꺼번에 쉽게 청소하거나, 그것을 거름으로 농사에 이용할 수도 있었으니 일석이조(一石二鳥) 혹은 일석삼조(一石三鳥)의 효과를 얻을 수도 있었겠다.

오늘날 우리 눈에는 우스꽝스럽게 보일지 모르지만, 벽에 튀어나오도록 설치된 돌출형 화장실은 중세에 전형적인 신분의 상징으로 간주되기도 했다. 성에 사는 높은 귀족들이나 가질 수 있는 것이었으니 말이다. 게다가 볼일을 보기 위해서 집(성) 밖의 마당이나 뒤뜰, 정원 등에 있는 화장실을 찾아가야 하는 번거로움을 줄여 주는 편리한 시스템이었기 때문이다. 깜깜한 밤이나 비 오는 날을 생각해 보면 쉽게 이해될 것이다.

중세 후기 도시 서민들이 사용하던 뒤뜰의 간이 화장실은

18세기 영국에서 오늘날의 수세식 화장실과 흡사한 화장실이 발명되기 전까지 오래 유지되었다. 대충 파 놓은 구덩이 형식의 변소는 수세식 화장실이 널리 사용되는 20세기, 21세기에 접어들어서도 빈민국이나 오지 등 세계 곳곳에 여전히 존재하고 있다.

5

루이 14세와
광해군의
이동식
변기

동양이나 서양이나 사람 사는 이치는 비슷한지 조선 시대 왕과 프랑스의 왕은 모두 이동식 변기를 사용했다. 단지 차이점이 있다면 입식 생활에 익숙한 서양에서는 의자처럼 높은 형태의 변기를 사용했던 것에 비해 조선 시대 임금은 요강처럼 낮은 형태의 이동식 변기를 사용했다는 것이다.

과거 한 나라의 왕은 신이 권한을 내려 준 귀한 존재로 대접받으며 일상생활에서는 손끝 하나 까딱하지 않았다. 절대왕권의 대명사 격인 루이 14세도 마찬가지였다. 그는 용변을 보기 위해 화장실을 들락날락할 필요가 없었다. 당시 베르사유 궁전 안에는 274개(어떤 기록에는 300개로 나오기도 한다)의 '뚫린 의자(Chaise Percée)'가 있었다. 이동식 변기용 의자였다.

대식가인 루이 14세는 음식을 그득히 먹고는 '뚫린 의자'를 대령해서 볼일을 보았다. 볼일을 보는 변기라는 실용적 용도지만 뚜껑을 덮어 놓으면 영락없이 기품 있는 의자와 같은 모습이다. 왕궁 의자답게 오래 앉아 있기 편하도록 벨벳으로 쿠션을 넣기도 하고, 너도밤나무로 만든 몸체에는 세심하게 조각을 새겨 넣어 정말 변기가 맞나 싶을 만큼 정교하고 화려하다.

변기에 빠진 세계사

왕은 '뚫린 의자'에서 볼일을 보고 나면 레이스나 양모 중에서도 최고급이라는 메리노 울을 사용해 뒤를 처리했다.

"루이 14세가 사용한 이동식 변기에는 섬세한 조각을 새겨 넣어 화려함을 더했다"

왕이 볼일을 볼 때면 곁에 서 있다가 볼일을 마치면 왕의 궁둥이를 닦아 주고 변을 검사하던 사람도 있었다. 만성 소화불량으로 설사를 자주 했다는 루이 14세도 뒤를 닦아 주는 담당관이 따로 있었는데, 왕이 설사를 하면 그는 양모나 플란넬 같은 부드러운 헝겊으로 왕의 궁둥이를 깨끗하게 닦아 주었다.

다른 사람의 뒤를 처리해 주는 일이라 신분이 낮은 하인이나 노예가 담당했을 것 같지만 그렇지 않다. 유럽 왕실의 변기 담당관 자리는 사실 궁정에서 추앙받는 자리였다. 왕의 궁둥이에 손을 댈 수 있을 만큼 왕과 가까운 자리에 있다 보니 그 특권으로 왕에게 잘 보여서 고위 관직에 오르는 경우도 있었기 때문에 서로 그 직책을 맡고 싶어 했다. 왕 가까이에 머무는 특권을 얻기 위해 귀족들은 어떠한 희생도 마다하지 않았다. 솔선해서 왕의 배설물을 검사하거나 왕의 궁둥이를 닦아 주는 특권을 얻기 위해 귀족들

> 베르사유 궁전의 원조인 보 르 비콩테 성의 구멍 뚫린 변기

은 당시 프랑스 주화로 10만 냥을 지불해야 했고, 그들이 적어도 200년 전부터 귀족의 자손이었음을 증명해야 했다. 왕이 변기 위에 앉아 있는 그 현장에 참여하길 원하는 사람은 누구든 일종의 '자격증'을 얻어야만 했을 정도다.

하지만 그 자리는 동시에 위험하기도 했다. 왕의 심기가 불편해져서 희생양이 필요할 때 머리에 떠오르는 인물이 될 수도 있었기 때문이다. 영국 헨리 8세의 변기 담당관이었던 헨리 노레이스 경이 딱 그랬다. 헨리 8세는 두 번째 부인이자 엘리자베스 1세의 생모인 앤 불린이 왕자를 낳지 못한 데다 시간이 흐르면서 그

녀에게 싫증이 나자, 그녀가 다른 남자와 부정한 짓을 했다는 누명을 씌워 처형했다. 당시 앤 불린과 엮여서 억울하게 처형된 남자 중 하나가 바로 헨리 노레이스 경이라는 변기 담당관이었다.

"왕의 변기 담당관은 고위 관직에 오를 기회를 얻기도 했다"

변기 담당관의 일이란 단순했다. 국왕이 변의를 보이면 담당관은 오늘날 좌변기 형태의 실내용 변기를 가져다 대령하고 일을 마치면 다이어퍼 천으로 닦았다고 한다. 다이어퍼는 마름모 무늬가 들어간 겹으로 짠 직물이었는데 두껍고 흡수성이 좋았다. 이 천에서 기저귀를 뜻하는 미국식 영어 '다이어퍼(Diaper)'가 나왔다고 한다. 그 후, 왕의 변을 검사하여 건강에 이상이 있는지 없는지도 살폈다.

한편, 우리나라 궁에서는 어땠을까? 경복궁 내에는 총 스물여덟 군데, 창덕궁과 창경궁에도 스물한 군데의 뒷간이 있었다. 그러니 궁궐 곳곳에 뒷간이 있었던 셈이다. 궁궐의 뒷간은 별도의 건물로 짓거나 본채를 둘러싸고 있는 건물 일부에 설치했다. 그런데 궁궐 안의 뒷간은 궁녀, 내시, 노비, 군인 등 궁궐에서 살거나 머물며 일을 하는 사람들이 사용하는 공간이었고, 정작 왕과 왕비가 사는 내전이나 왕이 신하들을 만나는 외전 등 궁궐의 중심부에는 뒷간이 없다고 한다. 왕실 사람들은 매화틀과 요강으로 용변을 해결했기 때문이다.

조선 시대 임금님들은 매화틀(매우틀)이라는 이동식 변기를 사용했다. 유럽 왕실과 다른 점이 있다면 입식이 아닌 좌식 형태의 상자 모양으로 만들어, 왕이 쪼그리고 앉아 사용했다는 정도다. 그 변기를 매우틀이라 불렀는데, '매우(梅雨)'에서 '매화 매(梅)'는 대변을, '비 우(雨)'는 소변을 빗댄 것이다. 기발하고 아름다운 표현이 아닐 수 없다. 똥이나 오줌, 대변이나 소변 같은 말은 점잖지 못하고 더럽게 여기는 금기라서 왕의 배설물은 '매우', 왕의 변기는 '매우틀'이라 에둘러 일컬었다.

**"조선 시대에는
임금의 대변을 매화에,
소변을 비에 비유했다"**

매화틀은 나무로 만들고 가운데 구멍을 뚫어 볼일을 볼 수 있도록 만들어졌다. 구멍 아래에는 그릇을 두었는데, 그 안에는 '매추'라고 불리는 잘게 썬 여물을 뿌려 놓아 분뇨가 튀지 않고 소리

변기에 빠진 세계사

> 조선 시대 왕의 좌식 변기인 매화틀

도 나지 않도록 했다고 하니 얼마나 세심하게 고안했는지를 알
수 있다. 또, 궁둥이가 닿는 부분에는 비단과 같은 보드라운 천으
로 감싸 앉기 편하도록 만들었다. 그러고 보니 모양새가 꼭 오늘
날 아기들의 변기통과 흡사하다.

재미있는 점은 앞서 언급한 유럽에서처럼 조선에서도 왕의
배설물을 관리하는 사람들이 있었다는 것이다. 영화 〈광해, 왕이
된 남자〉에는 임금이 매화틀에 볼일을 보는 장면이 나온다. 임금
이 볼일을 볼 때, 바로 곁에 상궁이 엎드려 있고 창호지 바른 문
밖에 여러 궁녀와 내시가 대기하고 있다가 왕이 볼일을 마치면
"경축드리옵니다, 전하!" 하며 합창하듯 외친다. 영화 속 궁녀가
하얀 비단 천을 받든 채 왕의 엉덩이를 닦아 주기 위해 다가가는
장면에서는 웃음이 터졌던 기억이 난다. 오늘날의 눈으로 보면

이상할 수 있지만 과거에는 몸을 써서 하는 일을 천하게 여겼기에 왕들은 제 손으로 뒤를 닦지 않았다. 이후 내의원에서 매화틀 속 대변 상태를 확인하고, 때로는 맛까지 보면서 왕의 건강을 세심히 살폈다고 한다.

6 베르사유 궁전에는 화장실이 없었다?

루이 13세의 뒤를 이어 어린 나이에 왕의 자리에 오른 루이 14세는 즉위한 지 오래지 않아 '프롱드의 난'을 겪었다. 이는 귀족들이 국왕의 중앙 집권 정책에 반항하여 일으킨 난으로, 루이 14세에 대한 반감이라기보다는 그의 뒤에서 섭정을 하다시피 하는 마자랭에 대한 불만으로 인해 터졌다. 그 과정에서 루이 14세는 생명의 위협을 느껴 피신했고, 난이 진압된 다음에도 파리에 정을 붙이지 못했다. 어린 시절 겪은 프롱드의 난으로 루이 14세는 절대왕정을 추구하게 되었고, 베르사유를 거점으로 삼아 기존의 작은 성을 세계에서 가장 큰 궁전으로 바꾸는 작업에 착수했다.

1669년, 루이 14세는 대공사를 벌여 현재 베르사유 궁전을 만들었다. 습지를 메우고, 수로를 내어 물을 끌어와 분수를 만들고, 건물을 증축하고, 대정원을 구축한 베르사유 궁전은 '거울의 방'을 위시한 호화로운 방과 회랑, 넓은 정원 등 화려하고 큰 규모를 자랑했다. 이런 베르사유 궁전에 화장실이 없었다는 말이 있는데 사실일까?

베르사유 궁전에 화장실이 없다는 말은 역사학자 게란트가

> 넓은 정원이 있는 베르사유 궁전

쓴 『화장실 문화사』에 등장한다. 그에 의하면 베르사유 궁전에는 화장실이 없었고, 루이 14세가 루브르 궁전을 버리고 베르사유 궁전으로 옮긴 이유도 똥오줌으로 악취가 나는 루브르 궁전을 피하기 위해서였다고 한다. 물론 그 시대에 우리가 사용하는 현대식 화장실은 없었지만, 화장실이 아예 없었다는 것은 억측에 지나지 않는다.

2만여 평의 궁전 건물에 방이 700개, 창문이 2143개, 벽난로가 1252개, 층계만 67군데 있다고 알려질 만큼 방대한 규모에, 거주하는 사람도 왕과 왕비를 포함해 500여 명의 귀족과 4000여

명의 하인이 있었다는데 화장실이 없었다는 건 말이 안 된다. 궁전 건물을 나서면 약 2400만 평(보통 축구장 하나가 2000평 정도니 축구장 1만 2000개를 합친 정도의 크기이다.)에 이르는 너르디너른 정원이 있었다고는 하지만 그곳으로 뛰어나가 볼일을 보고 온다는 건 현실적으로 어렵다. 그럼 왜 화장실이 없었다는 주장이 나오게 된 걸까?

"베르사유 궁전 700개 방 가운데 화장실은 어디?"

당시에는 '작은 방'을 여러 곳 만들어 두었다. 작기는 하지만 나름 화려하고 포근한 느낌의 방으로 일종의 다용도실이라 하겠다. 귀족들은 그곳을 드나들었고, 왕은 변의가 느껴질 때면 변기 담당관에게 전용 '뚫린 의자'를 대령하도록 명했다. 앞에서 살펴봤듯이 뚫린 의자는 너무나 기품 있게 잘 만들어져서 뚜껑을 덮으면 변기인지 모를 정도였다. 의자 아래에는 넣었다 뺐다 할 수 있는 서랍형 요강을 두었다.

베르사유 궁전에는 이런 변기가 대략 300개 정도 있었으며 뚫린 의자, 볼일 보는 의자, 필수 의자 등으로 다양하게 불렸다. 요강 모양도 가지각색이었는데, 60개 이상의 요강은 사람들의 눈

변기에 빠진 세계사

을 피해 서랍 등 보이지 않는
장소에 보관했다.

루이 14세 때 이미 수세식
화장실을 설치할 기술이 충
분히 발달해 있었지만 그 필
요성을 느끼지 못한 탓에 루
이 15세가 통치하던 1738년
경에 와서야 영국에서 들여
온 초기 형태의 수세식 화장
실을 궁전 내에 설치했고, 그
때서야 악취 문제도 해결할

> 루이 15세가 사랑한 퐁파두르 부인의 변기

수 있었다. 하지만 이러한 수세식 화장실은 프랑스 혁명 이후 대
부분이 파괴되었다. 앙시앵 레짐(Ancien Régime)이라 불리는 구체
제가 무너지고 왕이 없어지자, 19세기와 20세기에 베르사유 궁
전을 박물관으로 만드는 리모델링 과정에서 전시관을 늘리기 위
해서 없앤 것이라고 한다. 현재 베르사유 궁전에 있는 화장실들
은 관광객들을 위해 현대에 추가한 것들이다.

우리가 익히 들어 알고 있던 그 이야기, 베르사유 궁전에는 화
장실이 없어서 배설물의 고약한 냄새가 코를 찔렀다는 소문은
혁명 이후에 왕정을 무너뜨린 시민혁명파의 지도자들이 자신들

의 행동에 대한 명분을 얻기 위해 프랑스 왕실과 귀족들이 형편 없고 너저분했다는 식으로 그들의 이미지를 깎아내리기 위해서 만들어낸 터무니없는 소문일 가능성이 크다.

7

통일 신라 시대에도 수세식 화장실이 있었다!

앞에서 기원전 4000년경 만들어진 인도의 목욕탕에 대해 소개한 바 있는데, 그렇다면 대소변을 물로 빠르게 처리하는 수세식 화장실의 역사는 얼마나 될까?

기원전 3000년경 인더스, 수메르 문명권에서는 이미 물로 배설물을 떠내려 보내는 장치가 있는 최초의 수세식 화장실이 등장하기 시작했다.

그보다는 한참 뒤지만 우리나라에도 751년경 창건된 불국사에 수세식 변기가 있었다고 한다. 현재 남아 있는 불국사 극락전 옆 석재들을 살펴보면, 두툼한 돌 가운데를 참외 모양으로 파내고 그 앞쪽에 구멍을 낸 다음 물을 부어 배설물을 구멍으로 흘려버리도록 만든 구조를 볼 수 있다. 그런데 몇 해 전 경주에서 놀라운 유적지가 발굴되었다. 경북 경주시에 있는 신라 시대 연못인 월지(옛 이름 안압지)와 옛 동궁터 영역의 북동쪽 구역을 발굴하던 중 통일 신라 시대인 8세기 중엽쯤 제작된 것으로 추정되는 수세식 화장실 터와 대형 배수 시설이 확인된 것이다.

이 수세식 화장실은 굉장히 고급스럽고 과학적으로 만들어진 형태이다. 고급 석재인 화강암을 길이 90센티미터, 너비 65센티

미터 크기의 타원형으로 둥그스름하게 깎아 만든 변기와 전돌을 타일처럼 바닥에 깔고, 아래쪽으로 비스듬히 물이 흐르게 만들어서 지름 12센티미터 정도로 뚫린 구멍에 용변을 본 다음 물을 끼얹으면 경사를 따라 아래로 흘러가도록 설계된 것이다.

용변을 보면 오물이 도랑을 통해 배출되는 형태는 원리상 현대 화장실과 큰 차이가 없다. 지금까지 국내에서는 경주와 익산 등지에서 고대 화장실 유적이 출토된 적이 있지만, 화장실 건물과 석조 변기, 오물 배수 시설이 모두 발견된 것은 이번이 처음이라고 한다.

"통일 신라 시대의 수세식 화장실은 고급스럽고 과학적으로 만들어졌다"

고조선 시대나 삼국 시대 초기에도 뒷간이 있었겠지만 뚜렷한 유적과 기록은 없었는데, 2003년에 전북 익산시 왕궁리 백제 유적 발굴 현장에서 뒷간 유적이 발견되면서 삼국 시대 화장실에 대해 알 수 있게 되었다. 백제 시대의 화장실인 왕궁리 뒷간에서 출토된 길이 26~30센티미터 크기의 막대 여섯 점은 용변을 본 다음 뒤처리를 할 때 사용한 것으로 추정된다. 이 나무 막대는 신체와 직접 닿는 부분은 둥글게 처리되어 있으며, 물에 씻어 재

사용했을 것으로 추정된다. 이는 고대 로마 시대의 공중화장실에 있던 스펀지 달린 나무 막대를 떠올리게 한다.

종이가 귀하던 과거에는 풀잎이나 볏짚 등으로 뒤처리를 하는 경우가 많았다. 조선 시대 농촌에서는 용변을 본 어린아이의 뒤를 개가 핥아 해결하도록 하는 일도 흔했다. 물론 왕족이나 귀족들은 비단 등의 옷감으로 뒤처리를 했다.

배설물을 처리하는 또 하나의 방법은 휴대용 변기를 사용하

> 부여 군수리에서 출토된 백제의 휴대용 소변기 여성용(위)과 남성용(아래)

는 것이었다. 수레나 가마를 타고 이동할 때, 밤에 화장실을 이용하고자 할 때, 밖에서 급히 용변을 보고자 할 때 등 휴대용 변기는 요긴하게 쓰였다.

1979년 부여군 군수리 절터에서 발견된 2~3세기 백제 유물을 보면 이동식 변기에도 남녀 구별이 있었다는 것을 알 수 있다. 바가지 모양의 여성용 변기는 양옆으로 손잡이가 달려 있고 앞쪽은 좁게 만들어져 있어서 사용할 때나 내용물을 버릴 때 편하게 되어 있다. 남성용은 호랑이 모양을 닮았다고 해서 호자(虎子)라고 불렀다.

독창적이고 해학적인 이들 이동식 변기에는 단점이 있었다. 뚜껑이 없어서 방에 오래 두면 냄새가 났다. 그래서 이를 개선한 이동식 변기가 바로 우리에게 좀 더 익숙한 요강이다.

"수십 년 전까지만 해도 요강은 혼수로 준비하는 필수품이었다"

요강은 고려 시대 이전에 등장했을 것으로 추정되며 남녀 구분 없이 집집마다 사용했다. 요강은 오지, 놋쇠, 사기, 양은 등 다양한 재료로 만들었는데 고려청자 같은 색을 살짝 띠거나 무늬 없이 하얀 백자 형태의 것도 있고, 아예 깨지지 말라고 금속으로 만든 것도 있었다.

예전에는 화장실을 '뒷간'이라고 했다. 집 본채와 떨어진 뒤편이나 외진 곳에 별도로 지은 건물일 때가 많았기 때문이다. 그래서 밤에 용변을 보려고 뒷간까지 가려면 귀찮기도 하고 무섭기도 해서 방안에 요강을 두고 이용했다.

요강은 연세가 많은 어르신이나 질병으로 거동이 불편한 환

자에게도 요긴했다. 또, 여성이 먼 길을 가기 위해 가마를 이용할 때에도 요강과 대야를 가마 안에 넣고 다녔다고 한다. 과거에는 여성이 결혼할 때 마련하는 혼수품 중에서도 필수로 꼽을 만큼 요강은 친숙한 물건이었다.

더 알아봅시다

이것은 책인가, 변기인가?

요강과 같은 간이 변기는 세계 여러 곳에서 사용되었다. 17세기 위대한 철학자로 불리는 라이프니츠는 여행길에 오를 때마다 꼭 챙기는 두꺼운 책이 한 권 있었다고 한다. 그런데 실제로는 간이 변기였다. 나무로 된 책의 양쪽 표지가 서로 직각을 이루게 하여 바닥에 세운 다음, 이리 올리고 저리 세우고 접어 올려 조립해 커다란 구멍이 나 있는 판자로 윗부분을 덮으면 정육면체 모양의 휴대용 간이 변기가 되는 것이다. 이것을 마차에 싣고 다니다가 변이 마려울 때면 숲 근처에 마차를 세우고 우거진 나무 사이로 가서 볼일을 보았다고 한다. 기발하지 않은가!

세상에서 제일 비싼 똥

겨우 30그램에 1억 7000만 원이나 하는 똥이 있다면 믿을 수 있겠는가?

이탈리아의 전위예술가 피에르 만초니(1933~1963)는 깡통 하나를 세상에 선보였다. 이게 뭘까? 햄일까 스프일까? 상품명을 자세히 들여다보면 이탈리아어로 'Merda d'artista' 즉 '예술가의 똥'이라고 쓰여 있다!

자신의 똥을 통조림 깡통에 넣어 만든 〈예술가의 똥(Merda d'artista)〉이라는 작품이다. 모두 아흔 개를 만들었는데, 가격은 같은 무게의 금값과 동일하게 책정했다고 한다. 그러니까 각각의 깡통에 30그램씩 담았으니 30그램의 금에 해당하는 가격이 깡통마다 책정된 것이다. 기괴하고 엽기적인 느낌마저 든다. 이 무슨 배짱이냐 싶겠지만 그것이 해가 갈수록 비싸지더니 2007년 소더비 경매에서는 무려 12만 4000유로, 그러니까 우리 돈으로 약 1억 7000만 원에 팔렸다. 금값과도 비교할 수 없을 정도로 가치가 높아진 것이다. 시간이 흐르면서 똥이 금이나 다이아몬드로 변하는 연금술이라도 부리는 걸까? 신기한 노릇이다.

사실 원래 만초니가 이 작품을 기획했던 의도는 예술가의 가식과 허영, 마케팅으로 가득한 예술 시장을 고발하기 위해서였다고 한다. 작품의 아름다움과 함께 독창성과 기발함도 예술의 주요 덕목이기는 하지만, 정도가 지나친 건 아닌가 싶다. 기발과 도발의 경계도 조금 애매해지는 것 같기도 하다. 깡통에 담은 예술가의 똥 30그램의 가격이 자그마치 1억 7000만 원이라니, 세상에서 제일 비싼 똥, 어마어마한 예술가의 똥이다.

**"예술가의 가식과 허영,
마케팅에 좌우되는 예술 시장을
고발하기 위해서 캔에 똥을 담았다"**

엽기적이고 기발한 아이디어로 예술계에 회자되는 작품은 그 이전인 1917년에도 있었다. 현대 미술의 아버지라 불리는 마르셀 뒤샹(1887~1968)의 대표적인 작품 〈샘(Fountain)〉이다. 작품명만 보면 숲속 작은 옹달샘이나 정원에 생기를 북돋우는 분수를 연상할 수도 있겠지만, 실제 작품은 어디서나 볼 수 있는 남성용 소변기이다. 뒤샹은 변기를 하나 가져다가 'R. Mutt 1917'이라고 서명만 해서 전시장에 덜렁 놓아 둔 게 다였다. 소변기를 갖다 놓고 '샘'이라니?

이 작품은 지금에야 뒤샹의 대표작으로 꼽히지만, 발표 당시

에는 인정받지 못했다. 뒤샹은 1917년 뉴욕의 독립미술가협회 전시에 이 작품을 출품하려 했으나 협회로부터 거절당했다. 하지만 나중에 미술사적으로는 물론 시장에서도 어마어마한 가치를 인정받는 작품이 되었다.

뒤샹은 소변기 외에도 자전거 바퀴, 와인꽂이 등 별 대단할 것 없는 일상용품을 이용하여 작품을 만들었다. '작품을 만들었다'기보다는 '갖다 놓았다'라고 하는 쪽이 더 정확한 표현 같지만 말이다. 하여간 그로 인해 일상의 흔한 생활용품도 작가가 어떤 의미를 부여하느냐에 따라 미술 작품이 될 수 있다는 '레디메이드(Ready-made)' 미술이 창시되었다.

2019년 초에 국립현대미술관에서 뒤샹전(展)이 열렸다. 관람하러 가는 동안 그의 대표작 〈샘〉을 떠올리며 '누구든 아무거나 좀 특이한 걸 가져다 놓고 그럴듯하게 이름만 붙이면 작품이 되는 거 아닌가?' 하는 생각을 잠깐 했다. 그가 호기심으로 세상의 이목을 끌어 유명해진 사람, 혹세무민(惑世誣民)하는 사기꾼 같은 사람은 아니었을까 하는 의구심도 얼핏 들었다. 그런데 막상 전시품을 보니 생각이 달라졌다. 뒤샹이 그렇게 많은 그림을 그리고, 설치 미술 작업을 열심히 했다는 사실을 처음 알았다. 뒤샹을 오해했구나 싶었다.

작품 〈계단을 내려오는 누드〉는 피카소와 같은 입체파 기법이

> 마르셀 뒤샹의 작품 〈샘(Fountain)〉

물씬 느껴지는 유화였고, 그의 아버지를 그린 초상화는 작심하고 정석대로 그린 유화였다. 그의 아버지를 그린 초상화 앞에서 나는 '몰라봬서 죄송합니다' 하고 뒤샹에게 마음속으로 사과했다. 그는 화가로서 이미 훌륭한 업적을 이루었다. 같은 행위나 시도도 누가 하느냐에 따라 해석과 반향이 달라진다. 기본이 탄탄한 사람이 뭔가 독창적인 시도를 하니까 세상이 새롭게 봐주고 명성도 얻은 것이었지, 어느 뜨내기 문외한이 소변기를 놓고 '샘'이라고 했다면 눈길도 주지 않았을 것이다.

그의 또 다른 시도는 자신에게 있는 여성성을 끌어내어 또 다른 자아를 창조해 낸 것이다. 뒤샹은 '에로즈 셀라비'라는 이름으로 여성의 옷을 입고 우아한 표정과 포즈로 사진도 찍고 작품을 선보였다. '왜? 굳이?'라는 의문과 함께 오해를 할 법도 하지만 그즈음 성 역할 문제가 사회적 이슈가 되던 때라 '사회적 성은 생물학적 성을 따라가는가?'에 대한 반론을 제기하는 한 방법으로 보인다는 해석이 있었다.

새롭다 못해 발칙해 보이기까지 한 그의 시도들 이후 지금까지 100년 가까이 많은 미술 작가가 그의 영향을 받고 있다. 뒤샹의 사후 영향력을 보여 주기라도 하듯, 1917년 뒤샹이 만들었을 당시에는 무시당했던 이 소변기 작품은 그로부터 82년이 지난 1999년 뉴욕 소더비 경매에서 무려 1700만 달러에 낙찰받았다. 한 그리스인이 미술관에 기증하기 위해 샀다는데, 뒤샹의 작품 중 최고가 기록을 세우는 순간이었다. 게다가 그때 팔린 소변기는 1917년에 제작된 것이 아닌 1964년에 새로 만든 여덟 번째 에디션이었으니 더 놀랄 일이다.

　한 작가가 미술사적으로 인정을 받고 나면 시장 가치는 저절로 따라갈 수 있음을 보여 주는 대목이랄까? 어쩌면 일상을 새로운 눈으로 보고 창의적으로 해석하는 것이 얼마나 커다란 가치가 있는가를 역설하는 예인지도 모르겠다. 일상의 작은 아이디어 하나, 기발한 착상 하나가 똥을 금으로, 변기를 작품으로 만들 수 있음이 놀랍다.

9

훈데르트바서의

나들이

필수품

훈데르트바서(1928~2000)는 오스트리아 출신의 예술가이자 건축가이자 환경운동가였다. 그가 디자인한 건축물은 알록달록한 천연색 색감과 구불구불한 선들이 이어져 마치 동화 속 나라를 보는 듯한 느낌을 자아낸다. 예전에 오스트리아 빈에서 그가 지어 올린 건축물을 볼 기회가 있었는데, 그때의 감동은 아직도 생생하다.

택시를 타고 목적지에 도착하자마자 나는 크게 감탄했다. 다들 비슷비슷한 직육면체의 높은 건물들이 얌전한 색으로 줄지어 선 도로 한 모퉁이에 느닷없이 알록달록한 색조에 구불구불한 선을 가진 독특한 건물이 나타났기 때문이다. 건물 곳곳에서 불쑥불쑥 고개를 내민 나뭇가지와 푸른 나뭇잎들이 조화를 이루고 있었다. 도시 한가운데 위치한 아파트지만 푸르른 자연 속에 있는 듯한 싱그러움이 기분 좋은 미소를 짓게 했다.

그는 살아생전에 자연을 사랑하는 마음을 작품과 건축물에 담았다. 그리고 일상에서도 자연 친화적인 사상을 실천해 나갔다. 그가 직접 만들어 사용했다는 변기를 살펴보면 그 면모를 엿볼 수 있다. 자신의 배설물이 자연에 해가 되는 것이 싫었던 그

> 훈데르트바서의 건축물 가운데 하나인 훈데르트바서 하우스

는 부엽토 변기를 고안해서 사용했다. 좌변기 모양의 변기에 앉아 볼일을 마치면 옆에 놓인 양동이에 있는 부엽토를 똥오줌 위에 뿌려 자연스럽게 썩게 만들고 그것을 비료 삼아 자연으로 완

벽하게 돌아가도록 했다. 그는 친구 집에 갈 때도 시간이 길어질 것 같으면 변기통을 챙겨 들고 갔을 만큼 자연을 생각하는 마음이 유난했다.

"나는 고대한다, 내가 나무를 살찌우기를"

훈데르트바서는 자신이 죽으면, 생전에 선택하여 지정한 미루나무 아래 묻어 달라고 요청했다. 스스로 수목장을 택해 기꺼이 그 나무의 거름 역할을 했다. 실제로 훈데르트바서의 시신이 묻히기 전과 후의 나무 사진을 비교해 보면, 사후에 찍은 사진 속 나무가 훨씬 키도 클 뿐 아니라 잎도 푸르고 무성하다. 사람들은 그 미루나무를 '훈데르트바서의 나무'라고 부른다.

인위적이고 인공적인 것을 멀리했던 훈데르트바서는 "신은 직선을 발명하지 않았다"라는 자신의 신념대로 구불구불한 선을 이용해 건물을 짓고 다양한 색을 입혔다. 무엇보다 놀라운 것은 자연을 훼손하지 않고 더불어 살겠다는 의지를 실제 생활과 완벽하게 일치시켰다는 점이다.

현대에는 화학 비료가 일상으로 쓰인다. 그 결과 음식-똥-거름-음식으로 이어지던 자연의 순환 고리도 끊겼다. 겉으로 화려하고 깨끗한 화장실이 자연을 오염시키고 생태계의 순환 고리를 단절시킨 것이다. 그런데 근래에는 훈데르트바서처럼 배설물로 퇴비를 만들어 친환경 농업을 시도하는 이들도 있다고 한다. 재래식 화장실은 여러 문제점이 있지만 생태계의 순환 고리를 이어 주는 자연 친화적인 것임은 분명하다.

하지만 대도시에 사는 현대인에게는 수세식 화장실 외에 별 대안이 없어 보인다. 재래식 뒷간을 만들 수도, 훈데르트바서처럼 외출용 변기통을 들고 다닐 수도 없는 노릇이니 말이다. 하지만 훈데르트바서의 친환경 생활 철학과 실천을 떠올리며 작은 일을 실천해 볼 수는 있다. 일회용품 사용을 줄이고, 먹을 만큼만 요리하고, 적정량의 세제를 사용하고, 가까운 거리는 걸어 다니는 등 작은 노력이 모이면 어느 정도 성과를 얻을 수 있지 않을까? 생전의 훈데르트바서는 이렇게 말했다.

"혼자서 꿈을 꾸면 오로지 꿈에 그치지만, 모두가 함께 꿈을 꾸면 그것은 새로운 세상의 시작이 된다."

더 알아봅시다

독립보다 화장실

인도의 독립운동가 간디는 전국을 돌며 순례를 하거나 정치적 목적으로 여행을 할 때 휴대용 간이 변기를 가지고 다녔다고 한다. 전염병으로 고통받는 인도 국민에게 어떻게 하는 것이 위생적인 측면에서 바람직한지 보여 주기 위해서였다. 배설물이 흘러넘치는 변소, 상하수가 뒤섞인 갠지스강 등 인도의 열악한 위생 상태를 목격한 간디는 독립보다 더 시급한 것이 화장실 문제라며 탄식했다고 한다.

3장

버려진 오물로
발전하는 사회

: 산업, 경제

1

오줌에도 세금을 내나요?

돈을 주고 오줌을 사던 시대가 있었다. 오줌을 사서 뭐하냐고? 요긴하게 쓰일 곳이 있었다. 오줌에는 기름기와 땟국을 빼는 성분이 들어 있어서 당시 오줌은 단순한 배설물이 아닌 오늘날의 액체 비누나 세제와 같은 역할을 했다. 소중하게 쓰이는 자원이었기 때문에 한때 로마에서는 '소변세'라고 하는 기상천외한 세금을 징수했다. 양모업자들이 양모나 동물 가죽을 세탁할 때 쓰기 위해 공중화장실의 오줌을 수거해 가면서 돈을 냈던 것이다.

오줌을 효율적으로 모으기 위해서 성이나 여관, 아파트 같은 공동 주택의 경우에는 건물 입구나 현관처럼 사람들의 왕래가 잦은 곳에 커다란 항아리를 놓아두었다. 그러면 입주민들이 오가며 공동 항아리에 오줌을 누거나 방 안에서 요강에 모아 두었던 오줌을 버렸고, 필요한 사람들이 수시로 드나들며 모인 오줌을 수거했다. 거리에는 어디를 가나 길모퉁이에 오줌 항아리들을 배치해 두었다.

오줌은 여러 방면으로 유용하게 쓰였다. 특히 가죽을 무두질하거나 양털이나 모직물을 세탁하거나 염색할 때 오줌은 꼭 필

> 고대 그리스의 공중화장실

요했다. 그래서 당시에는 '저렇게 냄새 나는 걸 개방된 장소에 두다니!'라고 생각하기보다 '와! 오줌이 많이 차서 염색업자가 신나겠군!' 하며 좋아했을 가능성이 크다.

한편, 고대 그리스 상인들은 상점 입구에 오줌을 눌 수 있는 항아리를 놓아두었다. 이는 행인이나 손님들의 편의를 위해서이기도 했지만, 다른 한편으로는 많은 오줌을 얻기 위해서이기도 했다. 오줌을 공기 중에 두면 산소와 결합하며 암모니아 성분이 생기는데, 이 암모니아 성분은 옷을 표백하는 데 효과가 있어서 양털을 이용하여 직물을 만드는 축융업자(縮絨業者)들에게 요긴하게 쓰였다.

갓 깎은 양털은 회색빛에 가까울 만큼 때가 끼고 지저분한 데다 기름기가 많다. 이 양털에 낀 기름을 녹여 내기 위해서는 알칼리성 용액이 필요했는데, 당시 가장 값싸고 손쉽게 구할 수 있는 알칼리성 용액은 바로 묵은 오줌이었다. 축융업자들은 농장이나 가정집, 공중화장실 등에서 수거한 오줌을 커다란 통에 넣고 숙성시킨 다음, 양털과 가죽을 담가 맨발로 자근자근 밟았다. 오래 묵어 썩은 오줌일수록 암모니아가 많아 효과가 좋았기 때문에 묵은 오줌에서 나는 지독한 악취로 숨을 들이쉴 때마다 토하고 싶어졌다고 한다.

세탁하거나 직물을 만들거나 신발을 만드는 사람들은 자신의 공장이나 작업장 앞에 양쪽에 손잡이가 달린 모양의 점토 항아리인 '앰포라'를 갖다 놓았다. 이 소변 항아리에 보행자들은 누구나 공짜로 소변을 볼 수 있었다. 로마의 베스파시아누스 황제(69~79)는 그 소변 항아리들에 세금을 징수했다. 이후 콘스탄틴 황제는 소변뿐만 아니라 인간의 모든 배설물로 확대하여 분뇨세를 내게 했다. 그래서 축융업자는 고대 로마 시대 베스파시아누스 황제 통치하에서는 해마다 정한 가격으로 소변 항아리에 담긴 오줌을 구입했다. 아직 비누가 발명되기 전, 옷감을 다루는 장인들은 염색 작업에 들어가기 직전에 천의 질을 다듬고 부드럽게 하는 데 오줌이 필요했기 때문이다.

"염색 공장에 악취가 요란한 이유는 무엇일까?"

오줌은 섬유를 세척하는 데 사용될 뿐만 아니라 섬유에 색을 들이는 염색 과정에도 유용하게 사용되어 섬유 산업에 널리 쓰였다.

붉은색을 예로 들어보자. 붉은색을 만들기 위해서는 작은 연지벌레를 빻아서 쓰거나 블랙베리와 같은 여러 붉은 열매들, 지중해 관목인 크로조포라의 수액을 이용하거나 다양한 이끼를 사용했다. 그 이끼 중에 가장 인기 있는 것은 지중해 암석 해안에서 채취한 검붉은 리트머스이끼였다. 고대 아카드인, 유대인, 그리스인, 오스만 제국의 염색공들은 모두 리트머스이끼로 천을 물들였다. 그런데 리트머스이끼는 특이하게도 암모니아 성분이 있어야만 염색 효과를 낼 수 있었다.

오늘날처럼 화학 제품이 흔하지 않던 시절이었기에 값싸고 손쉽게 얻을 수 있는 암모니아 성분의 물질은 단연 오줌이었다. 막 배출한 신선한 오줌 말고 오래도록 공기 중에 노출되어 암모니아 성분이 많이 생성된 그런 독한 오줌 말이다. 그러다 보니 독한 오줌을 사용하는 염색업자들의 몸에서 늘 악취가 났다.

푸른색을 만들기 위해서도 오줌이 쓰였다. 인도와 터키를 거

처 유럽에 인디고가 수입되기 이전에 푸른색을 내고 싶을 때는 대청(大靑)이라고 하는 식물에서 염료를 추출해야 했다. 이 식물로 푸른색 염료를 만들어 내는 과정에서는 지독한 냄새가 났다. 오죽했으면 엘리자베스 여왕이 자신이 머무는 곳에서부터 8킬로미터 이내에는 대청으로 염색을 하는 대청염색공들이 접근도 하지 못하게 막는 법령을 공포했을 정도였다.

푸른색 염료를 추출하기 위해서는 대청을 알칼리 용액에 넣고 으깨 발효시키는 과정이 필요했다. 당시 주변에서 쉽게 구할 수 있고 저렴한 알칼리 용액은 오줌이었기 때문에 대청염색공들은 오줌통에 대청을 넣고 사흘간 섭씨 50도씨를 유지했는데, 그 냄새가 실로 메스꺼웠다. 그렇게 준비된 염색 혼합물 통 속에 하룻밤 동안 모직물을 넣어 두었다. 다음 날 아침 통 뚜껑을 열면 모직물은 그저 초록빛을 띤 희끄무레한 색처럼 보이지만, 모직물을 통 밖으로 꺼내는 순간 마법처럼 순식간에 푸른색으로 변한다. 대청 염료는 산소와 만날 때 푸른색을 띠는 성질이 있기 때문이다. 이런 염색 과정 때문에 대청염색공들은 아무리 깨끗이 몸을 씻어도 몸에 밴 냄새가 사라지지 않았고, 손과 손톱도 파랗게 물들어 있어서 금세 티가 났다.

그러다 16세기 말에 인디고를 수입해 푸른색 염료로 사용했는데, 인디고에서 푸른색을 얻는 데도 여전히 오줌이 쓰였다. 인디고를 담아 두었던 물통에다가 조개껍데기에서 얻은 석회나 오줌을 넣고 사흘 동안 끓여 발효시키면 역한 냄새가 나는 연한 구정물 같은 액체가 나온다. 이 액체를 담은 통에 직물을 담갔다가 꺼내면 처음에는 희끄무레하지만, 점차 녹갈색을 띠다가 급기야는 푸른색이 나타난다. 청출어람(靑出於藍)이라는 사자성어는 바로 희끄무레한 쪽빛에서 선명한 푸른색이 나오는 데서 유래한 말이다. 인디고 염색에서는 직물을 염색물에 담그는 횟수와 사용된 첨가물에 따라 가장 연한 색부터 가장 짙은 색까지 다양한 색상이 나온다. 따라서 직물을 인디고 용액에 담갔다가 꺼내기를 계속하면 할수록 점점 색이 짙어져서 나중에는 거의 검은색에 가까운 짙은 청색도 얻을 수 있었다.

· (더 알아봅시다)

여행객은 머리가 아프다

모로코의 페스 지역에 있는 염색 작업장에서는 오늘날까지도 소의 오줌을 이용해 양이나 염소, 낙타 등 동물의 털과 가죽을 씻곤 한다. 냄새가 너무 지독해서 가이드들은 여행객들을 작업장 근처 건물 옥상에 데려가 멀찍이 내려다보게 하는 정도로 관광을 마친다. 향긋한 냄새가 나는 허브를 하나씩 코에다 대고 구경을 하는데도 오줌 지린내로 머리가 아플 지경이라고 한다.

질 좋은
화약은
오줌으로부터

고려 말에 무관 최무선(1325~1395)이 화약을 개발했다는 사실은 잘 알려져 있다. 왜구의 침입이 잦았던 당시 그는 화약의 원료인 숯과 황, 초석(질산칼륨)을 섞는 비율을 알아내고자 힘썼다. 이 당시 초석을 제조하는 방법은 원나라의 기밀이었으나 최무선은 이원에게서 초석을 정제하는 방법을 배워 20여 년의 노력 끝에 화약을 개발했다. 옛날 서적에 의하면, 초석은 사람이나 가축의 변과 나뭇재로 제조한다. 즉, 변에 있는 요소나 암모니아로부터 생긴 질산과 잿물 속의 칼륨이 결합하여 초석이 되는 것이다.

왜구의 침입을 막고 전쟁에서 이기기 위해서는 좋은 무기와 성능 좋은 화약이 필요했다. 폭약이 짧은 시간에 연소하려면 많은 양의 산소가 필요한데, 초석은 열분해를 통해 다량의 산소를 발생시키고 황과 숯을 태운다. 따라서 성능 좋은 화약을 만들기 위해서는 반드시 질 좋은 초석이 있어야 했다.

서양에서도 성능 좋은 화약으로 장약을 만들기 위해 고심했다. 장약은 총이나 대포 안에서 탄환이나 포탄을 앞으로 나아가게 하는 것으로, 추진 장약이라고도 한다. 절대왕정을 확립하고

전 세계를 대상으로 식민지 쟁탈전을 벌이던 시절에 전쟁은 불가피했고, 전쟁에서의 승패는 곧 국가와 국민의 운명을 좌우했으니 승리만이 살길이었다. 그런데 전쟁에서 이기기 위해 전략이 뛰어난 장군과 잘 훈련된 병사들 못지않게 중요한 것이 있었으니 그것은 무기, 그중에서도 질 좋은 화약이었다. 17세기경 화약을 만드는 데 중요한 재료는 초석이었다. 장약은 탄소 10퍼센트, 유황 15퍼센트, 초석 75퍼센트를 혼합하여 만들었기 때문에 전시에는 상당량의 초석이 필요했다. 초석을 마련하러 다니는 사람이 별도로 필요할 정도였는데, 그들을 '초석장이'라고 불렀다.

"초석장이는 배설물이 있는 곳이라면 어디든 찾아갔다"

초석장이들은 질산칼륨이나 질산나트륨을 함유한 초석을 얻기 위해 특별한 흙을 찾아다녔다. 이렇게 말하면 뭔가 좀 근사하게 들리겠지만 사실은 오줌으로 흠뻑 젖은 흙을 찾아서 파내는 것이 그들의 일이었다. 흙 속에 오래 묻혀 있던 오줌과 똥이 질산칼륨과 질산나트륨으로 분해되기 때문이다. 사정이 그렇다 보니 초석장이들은 변소, 돼지우리, 거름 더미는 물론, 새똥 한 그릇이라도 토양 속에 스며들었을 것 같으면 비둘기장도 찾아갔다. 분뇨 수거인이 단순히 배설물을 치우는 일을 했다면, 초석장이는 상품 가치가 있는 분뇨를 찾아서 수거하는 일을 했다.

지저분한 일을 하는 어려움은 둘째 치고 그야말로 등뼈가 휠 정도로 힘든 일이었다. 오늘날처럼 포크레인도 없고 트럭도 없던 그 시절에 많은 양의 흙을 옮기는 일은 중노동일 수밖에 없었다. 그로 인해 초석장이들은 종종 탈장 증세를 보이고는 했다.

그러던 중 1652년 희소식이 들려왔다. 오줌에서 직접 질산염을 추출하는 방법이 있다고 알려진 것이다. 이에 런던과 웨스트민스터에서는 가정집마다 여름에는 하루 한 번, 겨울에는 이틀에 한 번씩 변기를 문 앞에 내놓았다. 그러면 초석장이가 거리를

돌면서 그 오줌을 커다란 통에 옮겨 담아 수거했다. 냄새나는 오줌을 다루는 일이 유쾌할 리는 없었지만 적어도 그 방식은 초석장이에게 단단한 땅을 삽질하고 무거운 흙을 옮기느라 중노동을 했던 이전의 고통을 덜어 주었다. 하지만 초석장이들에게 혁명과도 같았던 이 소변 수거 방식은 겨우 2년 만에 폐지되었다. 그 기술이 초석을 만드는 데 별로 효율적이지 못하다는 사실이 밝혀졌기 때문이다.

분뇨가 초석을 만드는 데 쓸모 있는 자원이 되려면 기다리는 시간이 필요했다. 똥오줌이 땅속에 오랜 기간 묻혀 삭아야만 질산칼륨과 질산나트륨으로 분해되고, 그래야만 화약의 재료가 되는 질산염, 즉 초석으로 쓸 수 있었던 것이다. 결국 초석장이들은 애석하게도 예전의 방식대로 특별한 흙을 찾아 파내는 노동을 해야 했다.

질산염을 얻기 위해 초석장이들은 배설물이 있는 곳이라면 어디든 찾아갔다. 17세기에 영국 국왕은 초석장이들이 아무 집에나 들어가 여기저기 파헤칠 수 있는 특권을 부여하기도 했다. 이 때문에 초석장이가 지하 분뇨 저장소로 들어가기 위해 집주인의 허락도 없이 마루를 뜯어내는 일까지 생겼다. 그들은 닭장과 화장실을 파헤치느라 똥과 흙으로 범벅이 된 채 작업했으며, 국세청 조사관처럼 인정사정 봐 주지 않았기 때문에 사람들로부터 원성을 사기도 했다. 사람들은 초석장이를 집에 들이지 않을 요량으로 화장실 주변에 자갈을 깔거나 포장해서 흙을 팔 수 없게 하려고 갖은 방도를 궁리했지만, 소용이 없었다. 나라에서 그런 집주인들에게 화장실 주변의 포장을 걷어 내어 원래의 땅이 드러나도록 복구하라는 지시를 내리곤 했던 것이다. 초석이 축적되게 하려고 말이다. 때로는 비둘기장에 초석장이를 들여보내지 않은 집주인이 체포되어 벌금을 물기도 했다.

···> 더 알아봅시다

오줌 묻은 흙 맛보기

초석장이들은 초석이 풍부하게 함유된 흙을 알아내기 위해 별별 수단을 다 동원했다. 완전히 오줌에 젖은 흙은 하얀 침전물을 포함하고 있는데, 이 결정에는 나트륨이 함유되어 있어서 아주 얼얼한 짠맛을 내고 물과 화합하여 흡열 반응을 일으켰다. 그래서 이것을 혀에 대면 거품이 일면서 차가운 느낌이 들었기 때문에 그 흙에 초석 성분이 많음을 알 수 있었다고 한다. 때문에 초석장이들은 흙을 맛보기도 했다.

 변기에 빠진 세계사

3 새똥을
뺏길 순 없지!

GUANO

구아노(Guano)는 척추동물의 배설물, 특히 바닷새의 배설물을 일컫는다. 주로 가마우지류, 사다새류의 배설물로 만들어진 '새똥 돌'로 캘리포니아, 아프리카 등에서 발견되었다. 페루 해안의 섬에서도 구아노가 발견되었는데, 특히 페루 북서쪽에 있는 로보스 섬에서는 30미터가 넘는 거대한 산을 이룬 어마어마한 양의 물개 배설물이 발견되기도 했다.

남아메리카 페루의 무인도인 돌섬으로 이뤄진 친차 군도(群島)에는 가마우지를 비롯한 바닷새와 박쥐 등의 똥이 지천이었다. 물고기를 잡아먹은 바닷새들이 막 배설한 똥은 물컹물컹하지만, 시간이 지나면 바위 위에 딱딱하게 굳어진다. 거기에 죽은 해조와 물고기, 새알 껍질 등이 쌓여 갔다. 장구한 세월을 두고 새똥을 비롯한 퇴적물들이 조금씩 쌓이고 쌓여 산더미를 이루어 그 높이가 빌딩에 맞먹을 지경에 이르렀다.

미네랄이 풍부한 구아노는 매우 좋은 거름이 되었다. 남미의 원주민들은 이 사실을 일찌감치 알고 농사에 이용하고 있었지만, 페루를 정복한 스페인 사람들은 처음에는 구아노의 효용을 알지 못했다. 19세기 초 남아메리카 대부분은 스페인의 식민지였고,

정복자들에 의해 원주민들이 죽거나 쫓겨나면서 구아노는 점차 잊혀졌다. 그런데 어느 날부터 상황이 급변했다.

19세기 유럽의 훔볼트는 남아메리카와 중앙아메리카를 여행하면서 처음으로 구아노가 거름으로서 훌륭하다고 평가했다. 바닷새들이 군생하는 해안에 만들어진 새똥의 퇴적물에 요산이나 인산염이 풍부하게 포함되어 있어서 양질의 천연 비료로 유용하다는 것이 유럽에도 알려진 것이다. 이후, 공장에서 비료가 만들어지기 전까지 19세기 최고의 비료는 구아노였다. 당시에는 땅에 영양분이 없어 농사로 얻을 수 있는 곡식의 양이 적었고, 인구가 많이 증가하면서 식량난이 심각해져 농작물 수확을 늘리는 일이 시급했다. 구아노를 이용해 땅에 비료를 주면 생산량이 늘어나는 것을 알게 된 사람들은 구아노를 농토에 비료로 쓰기 시작했다.

천연 비료로 구아노가 각광을 받기 시작한 1840년대 이후 페루는 돈벼락을 맞았다. 영국을 비롯한 다른 나라에서는 이 새똥 덩어리들을 앞다투어 수입해 갔다. 오랜 시간에 걸쳐 어렵게 만들어진 구아노는 그 양이 많지 않았기 때문에 무척 비쌌고, 비료로서 가치가 높아 국가 경제에 매우 큰 몫을 차지했다. 그렇게 버는 돈이 페루 수입의 70퍼센트를 차지했고, 이때 페루가 연평균 9퍼센트씩 경제 성장을 이루었을 만큼 구아노는 그야말로 엄청

> 새똥이 쌓여 형성된 페루 친차의 구아노

난 돈벌이가 되었다. 알고 보니 그 새똥 덩어리는 곧 돈 덩어리였던 것이다.

　섬에서 채취한 새똥을 수출하여 남미 최고의 부국이 된 페루에는 돈이 넘쳐났다. 이를 위해 그들이 하는 일은 단지 새똥을 파내는 것뿐이었다. 하지만 한정된 자원인 새똥보다 더 오래 유지

변기에 빠진 세계사

할 수 있는 돈벌이를 마련하고자 했던 페루는 영국으로부터 구아노를 담보로 큰돈을 빌렸고, 카리브해의 대규모 사탕수수 농장에 투자했지만, 가뭄으로 인해 사탕수수밭에 흉년이 들면서 오히려 빚에 쪼들리는 신세가 됐다. 그런데 투자에 실패한 페루는 1876년 '채무불이행'을 선언하면서 구아노 산업을 국유화했다.

얼마 지나지 않아 영국은 페루 남부와 볼리비아, 칠레 국경 지대의 아타카마 사막 가운데에서 커다란 구아노 집적지와 화약의 원료인 칠레 초석 광산까지 발견했다. 초석은 똥이나 오줌이 오래도록 쌓여 굳어진 질산염 광물인데, 질산칼륨과 질산나트륨으로 분해되어 비료와 화약의 재료로 쓰였다. 무기를 만들기 위해 초석의 수요가 늘어나고, 초석이 중요한 수출품이 되자 이전에는 그저 황량한 사막일 뿐이던 초석 지대에 눈독을 들이는 사람들이 많아졌다.

결국 서로 자기 것이라 주장하는 페루, 칠레, 볼리비아 사이에 피비린내 나는 전쟁이 벌어졌다. 1879년부터 1883년까지 약 4년간 이어진 이 '새똥 전쟁'은 훗날 사람들에게 태평양 전쟁(War of the Pacific)으로 불린다. 이 전쟁에서 페루는 칠레와 영국 동맹국에 패했고, 한때 남미 최고의 부국이었던 페루는 빈국으로 추락하고 말았다. 칠레에 대항해 페루와 함께 싸웠던 볼리비아도 이듬해 칠레에게 지하자원이 매장된 땅을 넘겨 주어야 했다. 큰 횡

재로 보였던 새똥 무더기가 국가 간의 이권 다툼으로 번져서, 결과적으로는 페루와 볼리비아에 재앙이 되었다.

한편, 칠레는 어떻게 되었을까? 페루와 볼리비아가 새똥 전쟁에서 패하여 비참한 지경에 이르렀던 것과 달리 칠레는 전승국으로 승리의 열매를 맛보았을까? 번영이 찾아와 행복했을까? 그렇지 못했다. 칠레가 전쟁을 통해 초석 지대를 차지했지만, 초석 광산의 실제 소유는 영국인에게 돌아갔기 때문이다. 어떻게 된 노릇이냐고? 칠레 정부가 볼리비아와 페루를 상대로 전쟁을 하느라 정신이 없는 와중에 10분의 1로 가격이 떨어진 채권을 돈 많은 영국인이 헐값에 마구 사들였다. 그리고 제1차 세계대전 중에 독일에서 초석 없이도 화약 만드는 방법을 개발함에 따라 많은 나라에서 화약과 비료를 만들 수 있게 되었다. 이 때문에 화약의 원료로 쓰이던 초석의 가치가 예전과 달리 큰 폭으로 떨어졌다. 결국 과학 기술의 발달로 칠레의 초석 산업은 치명적인 타격을 받았다. 인공 화약과 비료가 공장에서 대량 생산되어 칠레 초석을 대신하자 초석을 캐던 사람들이 떠나면서 광산촌은 유령 마을로 남게 되었고, 칠레 경제는 급격하게 쇠퇴했다.

페루, 칠레, 볼리비아의 국가 운명을 들었다 놓고 국민을 웃다 울게 만든 것은 구아노라고 하는 새똥 무더기였다. 일견 사소하고 지저분해 보이는 새똥 무더기가 세상을 크게 바꿔 놓은 것이다.

새똥 무더기를 둘러싼 전쟁은 130여 년 전에 이미 끝났지만, 과거 이리저리 얽히고설켰던 남미의 세 나라 사이에는 여전히 감정의 앙금이 남아 있다. 그 나라들은 국제사법재판소 등을 통해 소송전을 벌이고 있으며, 경제가 좀 나아진다 싶으면 미국제나 유럽제 무기를 사들이며 복수의 기회를 엿본다고 하니 새똥 무더기 때문에 국경을 맞댄 이웃 나라끼리 원수가 된 셈이다.

"새똥 하나도 허투루 보아선 안 된다"

새똥 하나로 전쟁이 벌어진 일처럼 새똥으로 인해 천국과 지옥을 오간 사람들의 이야기도 있다. 바로 나우루(Nauru) 공화국의 이야기이다. 나우루는 남태평양에 있는 세계에서 세 번째로 작은 나라로, 우리나라의 울릉도만 한 크기다. 태평양 지역만 확대해서 만든 지도에서 파푸아뉴기니의 동쪽 끝과 마셜 제도, 투발루를 잇는 삼각형의 한가운데쯤에서 찾아볼 수 있다.

이토록 크기도 작고 인구도 만 명이 될까 말까 한 소국이지만 한때는 세계에서 가장 잘사는 나라로 유명했다. 1981년 당시 나우루는 우리나라의 10배가 넘는 국민 소득을 자랑했는데, 어떻게 그렇게 큰 부를 일굴 수 있었을까? 아랍의 산유국처럼 석유라도 나왔을까? 아니다. 그 부의 원천은 바로 새똥! 바닷새의 똥이 수백만 년 동안 쌓여서 형성된 인광석 덕분이었다.

　남미와 남아프리카의 마른 해안이나 오세아니아의 나우루, 크리스마스섬 등에는 알바트로스, 부비새, 펠리컨, 갈매기 등이 만들어 놓은 질 좋은 비료가 지천으로 널려 있다. 미드웨이섬에 사는 주민 가운데는 '평생 새장 안에 사는 기분'이라고 푸념하는 이가 있을 정도로 수많은 바닷새가 무리를 이루어 산다. 덕분에 나우루에는 오랜 세월 동안 새똥이 굳어져 이루어진 인광석이 매우 풍부했다. 인광석은 비료나 의약품, 반도체 제조 등에 요긴하게 사용되는 자원으로 나우루는 해외 각국에 인광석을 팔아서 엄청난 돈을 벌어들였다.

원래는 코코넛 농사를 짓고 물고기를 잡으며 평화롭게 살아가던 나우루섬에 인광석이 많다는 사실이 알려지자 서구 열강들은 인산염을 차지하기 위해 경쟁적으로 침략해 왔다. 독일과 영국의 식민지를 거치는 동안 유럽은 중국인 노동자들을 사서 나우루에 인광석 광산을 개발했다. 제2차 세계대전 중에는 전략적 위치를 중시한 일본군이 점령하여 비행장도 지었다. 제2차 세계대전이 끝난 후에도 영국, 호주, 뉴질랜드의 신탁통치를 받느라 나우루의 이권은 여전히 그 나라들에 있었고, 1968년에 나우루가 독립하고 나서야 비로소 나우루에 인산염 채굴권이 이양되었다.

인산염 채굴권이 이양된 1970년대부터 나우루 국민은 지상 낙원을 경험하게 된다. 인광석 수출을 크게 늘려 모든 국민이 풍요롭게 살았으며, 이전까지 생계유지를 위해 했던 농업이나 어업도 중단하고 모든 물품을 외국에서 수입해 썼다. 인광석 수출로 벌어들인 외화는 많은데 국민은 만 명 안팎이니 국민이 아주 살판났다. 일하기 싫고 힘든 것들은 외국인 노동자들에게 시키고 자신들은 먹고 놀기에 바빴다. 한 바퀴를 다 도는 데 30분이면 충분한 작은 섬나라에 람보르기니 같은 고급 승용차가 넘쳐나고, 하나뿐인 공항에는 해외여행이나 쇼핑을 위한 개인용 비행기들이 즐비했다. 그만큼 호화로움과 사치스러움이 극에 달했다.

문제는 국민이 미래를 생각하지 않고 무턱대고 채광을 남발한 데서 시작되었다. 자신들이 딛고 선 땅이 새똥으로 이루어져 있음으로 인해 우연히 얻은 행운이었기에 나우루 국민은 돈과 자원의 귀중함을 깨닫지 못했다. 게다가 실컷 먹고 마시면서 걷는 것조차 싫어해서 성인 대부분이 비만인 데다 당뇨병 환자도 많아 평균 수명도 짧아졌다고 한다.

나우루 정부는 정부대로 대중의 인기에 영합하기 위해 복지 정책으로 무분별하고 과다한 지출을 일삼았다. 국민에게 출산에서부터 교육, 의료, 노후까지 모든 것을 책임지고 보장한다는 공약을 내걸고 실행한 것이다. 그리하여 나우루인들은 세금도 없고 모든 것이 공짜인 혜택을 누렸다. 최첨단 병원에, 전기도 공짜였던 데다, 자국 학생들을 외국으로 유학도 보내 주었다.

세금을 안 내는 데도 계속 퍼 주니까 국민은 신생 나우루 정부를 좋아하며 지지했다. 그러나 정부로서는 국민들에게 세금도 걷지 않고 계속 지출을 하려니 자금이 필요했고, 달러를 벌어들이기 위해 인광석을 무리하게 수출할 수밖에 없었다. 정부가 정권을 유지하기 위해 무리한 짓을 하면 국민이라도 정신을 차리고 말렸어야 했는데, 오히려 더 좋아했다고 하니 먼 미래보다 눈앞의 행복이 달콤했나 보다. 석유나 철, 석탄, 인광석 같은 자원들은 매장량이 한정되어 있기에 항상 고갈 이후 어떻게 살아갈 것인가에 대해 계획을 세워 대비해야 한다. 그런데 나우루 국민

은 눈앞에 펼쳐진 단맛에 취해 미래를 보지 못했다.

그 결과는 파탄이었다. 국민의 헤픈 씀씀이를 감당하지 못하고 2000년경부터 인광석 자원이 고갈되며 나우루 경제는 급락의 길을 걸었다. 그제야 나우루 정부는 위기 탈출 방안을 모색하기 시작했다. 해외 투자로 자금을 불리려고 시도했지만, 잘못된 투자로 인해 그나마 있던 자본도 잃으면서 파국을 앞당겼다. 게다가 무역수지 적자에 빠져도 국민은 사태를 심각하게 여기지 않았다. 국가 안에서는 산업을 활성화하겠다는 의지나 노력도 없었다. 이미 돈을 쓰고 노는 데만 익숙해진 국민은 돈이 떨어져 가는데도 일하려 하지 않고 정부만 원망했다. 그 와중에 고위직 공무원들은 횡령을 일삼았고, 나우루에는 전기도 수도도 통신도 끊겨서 아수라장이 되었다. 인광석을 팔아 호화롭고 유유자적하게 살던 나우루 사람들은 순식간에 부를 잃고 말았다.

수천만 년 동안 퇴적된 새똥을 한순간에 써 버린 나우루 공화국 국민은 현재의 행복만 좇다가 국가의 미래와 후손의 행복을 잃었다. 나무를 무분별하게 벌채했던 이스터섬에서처럼 귀한 자원을 낭비하는 잘못을 저질렀다. 고기잡이하며 자연과 더불어 살아가던 평화의 섬나라 나우루가 외세에 시달리고 무분별한 개발을 하면서 나태한 생활 태도, 방탕한 소비로 인해 파탄을 맞게 된 것이다. 무엇보다 머지않아 지구 온난화로 섬 전체가 바다에 잠길 것이라는 전망도 나오고 있어서 한층 암울한 미래를 맞고 있다.

　나, 루의 사례는 풍족한 상태에서도 항상 미래를 대비하고 준비해야 한다는 교훈을 준다. 새똥으로 인한 나우루의 흥망성쇠를 보면서 자원을 영리하게 사용하는 방법과 환경 보존과 앞날을 보는 현명하고 지혜로운 눈을 길러야겠다는 생각을 해 본다.

·· (더 알아봅시다)

바닷새는 똥을 한 군데에서만 눌까?

수백만 마리 바닷새들의 똥이 쌓여 이루어진 구아노는 바위 해안에서 볼 수 있다. 바닷새들이 깔끔해서 수백만 년 동안 몇 개의 섬과 땅만 공중화장실로 정해 놓고 그곳에서만 똥을 누기로 한 것은 아니다. 그저 여기저기 편리한 대로 쌌을 뿐이다. 그러니 바닷새 똥의 95퍼센트는 곧바로 바다에 떨어져 식물성 플랑크톤의 성장을 촉진하는 역할을 한다. 그리고 이는 다시 식물성 플랑크톤을 먹고 사는 동물성 플랑크톤과 작은 물고기의 번성으로 이어지는 순환 고리를 만들어, 결국 바닷새들의 식단을 더욱 풍성하게 만든다. 바다에 떨어지지 않은 나머지가 뭍에 떨어지는데, 그 양도 만만치 않아서 새똥을 씻어 낼 만큼 강우량이 충분치 않을 때는 떨어지는 족족 쌓이고 쌓여 지역에 따라 구아노 층의 두께가 200미터에 달하는 경우도 있다.

4

사람들을 살리고 죽인 질소

인류가 살아가려면 먹거리가 필요하고 그중에서도 곡
식이 필수적이다. 농사 기술이며 종자 개량이 있기 전에는 오늘
날만큼 농산물 수확량이 많지 않았기에, 어떻게 해서든 척박한
지력(地力)을 보강해서 조금이라도 생산량을 높이는 일이 중요
했다. 그러기 위해서는 똥오줌이 유용했는데, '인류를 키운 것은
팔 할이 똥오줌이다'라는 말이 있을 정도다.

　1900년에 세계 인구는 약 16억 명이었다. 약 10억 명이었던
1800년에 비해 100년 동안 6억 명 정도가 늘어난 것이다. 이로
인한 식량 문제는 심각했다. 산업 혁명 이후의 폭발적인 인구 증
가와 이로 인한 식량 부족을 고려할 때 유럽인들의 신대륙 대거
이주나 제국주의 침략은 어쩌면 필연이었을지도 모른다. 당장
나의 배를 먼저 채워야 한다는 명분으로 제국주의자들은 혹독한
수탈과 착취를 당연한 것으로 여겼다. 수리 시설을 확충하고 개
간을 통해 농경지를 확보하더라도 기하급수적으로 늘어 가는 인
구를 먹여 살릴 수 있을 만큼 식량 생산량을 획기적으로 늘리는
데는 한계가 있었다.

　오래전부터 퇴비 등을 사용하긴 했지만, 주기적으로 휴경지를

두어 지력을 회복해야 농사를 잘 지을 수 있었기 때문에 불가피하게 농사를 짓지 않고 놀리는 땅도 많았다. 이처럼 유럽이 인구 과잉과 식량 부족으로 고민할 때 저 멀리 신대륙에서 반가운 소식이 들려왔다. 그곳에서 채굴된 칠레 초석을 쓰면 생산량이 많이 늘어난다는 것이었다. 하지만 유럽까지 운송이 어려워 가격이 높았고, 한정적인 자원은 결국 식량 문제를 해결하는 궁극적인 수단이 될 수는 없었다.

독일의 화학자 리비히(1803~1873)는 〈농화학과 생리학에서의 유기화학 응용〉이라는 논문에서 땅, 공기, 질소, 미네랄의 관계에 기초한 식물의 변화를 분석했다. 그리고 미네랄, 인산, 수산화칼륨, 마그네슘, 소금, 질산염으로 분뇨를 대체할 수 있음을 밝혀냈다. 리비히는 다양한 식물들을 대상으로 한 실험을 통해 비료를 만들기 위한 물질의 배합률을 계산했고, 그를 바탕으로 생산한 화학 비료 덕분에 인간은 그동안 분뇨에만 의지했던 농업 방식을 벗어나게 되었다. 이로써 고대에서 중세에 이르기까지 돈을 내고 사갈 정도로 귀했던 분뇨는 이제 쓰레기가 되고 말았고, 하수구를 통해 강으로 흘러내려 갔다. 인분이든 새똥이든 식량 자원을 돕던 유기물질들이 거의 비료로 쓰이지 않게 된 것은 인공적인 화학 비료가 발명되었기 때문이다.

합성 비료 중에서도 특히 쓰임새가 많은 질소는 동식물을 이루는 필수 원자로 모든 생명체가 필요로 한다. 식물은 보통 토양에서 질소를 흡수하는데, 질소가 부족한 척박한 땅에서는 식물이 잘 자라지 않고 수확물이 적다. 그래서 거름이나 비료를 주어 질소를 보충해 주어야 한다. 19세기 과학자들이 질소가 생명체에 필수적인 원소라는 사실을 밝힌 이후로 질소는 비료의 핵심 성분이 되었다.

"하버와 보슈, 질소 비료로 세상을 뒤집어 놓다"

1908년 독일의 화학자 프리츠 하버(1868~1934)는 공업적으로 질소를 수소와 반응시켜 암모니아로 만들 수 있다는 것을 이론적으로 밝혀 냈다. 암모니아는 질소 원자를 포함하는 화합물로, 식물에 질소를 공급하는 공급원으로 매우 유용하게 쓰이는 물질이다. 하버는 공기 속에 무한정 있는 질소를 저온에서 높은 압력을 가해 농축함으로써 암모니아를 생산하는 합성법을 개발했다. 하지만 실생활에 사용할 만큼 대량으로 싸게 만드는 방법은 알지 못했다. 질소는 반응성이 약해서 여간해서는 암모니아를 만들기 어려웠다. 이러한 어려움은 불과 수년 뒤인 1910년 독일의 화학자 칼 보슈(1874~1940)에 의해 극복되어 암모니아 합성물의

대량 생산이 가능해졌다. 이 암모니아 합성법은 두 과학자의 이름을 따서 '하버-보슈법'이라고 부르게 되었다.

두 과학자의 연구를 바탕으로 질소 비료가 생산되자 그 결과는 놀라웠다. 질소 비료를 사용하니 밀이나 옥수수가 쑥쑥 잘 자랐다. 이에 따라 수확량이 늘어 식량 부족 문제를 해소하는 데 도움이 되었다. 이로써 하버는 '공기에서 빵을 만든 과학자'라는 칭송을 얻었다. 이 공로로 하버와 보슈는 1918년에 노벨화학상을 받았다. 하지만 하버가 노벨상 수상자로 선정되었을 때, 국제 사회에서는 반대 여론이 높았다.

"과학자 한 명이 수많은 사람을 살리고 죽이다니!"

질소 자체는 독성이 없다. 공기 중에 가장 큰 비중을 차지하지만, 우리가 숨을 쉬어도 아무 문제가 없는 것만 봐도 그 사실을 알 수 있다. 그러나 이산화질소와 같은 일부 질소 화합물은 독성이 있어 조심해야 한다.

시아나이드라고 부르는 특정한 질소화합물은 가장 빠르게 작용하는 독성 물질이다. 이 물질은 몸 안에서 세포 호흡을 방해하여 지나치면 질식사를 일으킬 만큼 위험하다. 하버는 질소의 이러한 성질을 이용하여 인공적으로 독가스를 개발했다. 그가 만들어 내고 독일군이 제1차 세계대전에서 사용한 독가스는 효력이 대단했다. 이 독가스는 이후 나치가 수백만 명의 유대인을 학살하는 '파이널 솔루션(Final Solution)' 때에도 사용되어 수많은 사람을 죽음에 이르게 했다.

하버는 식량 증산에 커다란 업적을 남겨 수많은 사람을 굶주림에서 벗어나게 한 영웅이었지만, 동시에 제1차 세계대전 때 독가스를 만들어 병사들을 살상한 전쟁 범죄자라는 또 다른 얼굴도 있다. 이처럼 과학 지식과 기술은 그것을 사용하는 사람의 의식과 소양에 따라 그 결과가 달라짐을 알 수 있다.

소 오줌 주스와 코끼리 똥 종이

동물의 똥과 오줌은 예로부터 거름이나 연료, 벽 마감 재료 등으로 생활에 요긴하게 쓰였다. 지금도 코끼리 똥 종이, 소 오줌 주스와 비누, 사향고양이 똥 커피 등 동물의 똥오줌을 이용한 상품들을 찾아볼 수 있다.

인도 사람들에게 소는 없어서는 안 될 존재이다. 농업 인구가 대부분인 인도에서는 지금도 소가 트랙터 역할을 한다. 우유, 요구르트, 치즈, 버터 등 중요한 식재료도 소를 이용해 얻는다. 우유의 부산물 없이 만들 수 있는 커리는 거의 없는 데다 인도인이 즐겨 마시는 요구르트 음료인 라씨도 우유를 발효시켜 만든다. 소가죽 역시 중요한 생필품을 만드는 데 사용된다.

인도에서는 소의 똥과 오줌으로 다양한 제품을 만든다. 약재상과 제약 회사는 소 오줌 가루나 불순물을 없앤 깨끗한 소 오줌을 이용해서 비누와 세제, 살균제 및 각종 약을 만든다. 민간에서도 소 오줌으로 다양한 제품을 만든다. 힌두교 민간단체에서는 소의 오줌을 섞어 만든 음료를 출시하고 "건강을 위해 콜라보다 이것을 마셔라"라는 광고를 해서 '카우 카 콜라'라는 별칭으로 불린다고 한다.

"인도 사람들은
소 오줌을 먹는다고?"

먹고 마시는 데까지 소의 오줌이 사용된다니! 여기에는 종교적인 배경이 크게 작용했다. 인구의 80퍼센트가 힌두교도인 인도에서는 예로부터 소를 신성시했기 때문에 소고기를 먹지 않고, 소의 배설물까지도 깨끗한 것으로 여겨 사용했다. 인도인들은 우유, 정제 버터, 응유(응고된 우유), 소의 오줌과 똥은 완벽하게 정결한 것의 원천으로 생각한다. 무엇보다 '모든 불결한 것들에 대한 가장 효과적인 정화제'로 여겨 힌두교도인은 죄를 회개할 때 이 다섯 가지를 한데 버무린 '판차카리암(Panchakaryam)'을 마신다. 그러니 인도에서 소의 똥과 오줌을 활용한 상품까지도 환영을 받는 건 당연한 일인지도 모른다.

최근에는 소 오줌에 알로에, 아몬드 기름을 섞어 만든 미용 비누도 출시되었다. 이 비누가 손상된 피부를 회복시키는 효과가 있다면서 '고대 회춘 비법이 담긴 비누'라는 광고 문구를 쓰기도 했다. 또, 소똥과 허브, 흙을 섞어 만든 항균 비누도 있다. 소의 배설물을 이용한 여드름 치료용 미용 제품도 있는데, 고대 인도 전통 의학인 아유르베다에서는 예로부터 소의 배설물이 여드름에 효과가 있다고 인정해 왔다. 이런 제품들은 소의 배설물로 만들지만 생산 과정에서 냄새는 완전히 제거된다고 한다. 이외에도 소 오줌을 이용한 안약, 소똥을 태운 재로 만든 치약도 있다고 하니 소의 배설물의 다양한 변신이 놀라울 뿐이다.

"세상에는 똥으로 할 수 있는 일이 제법 많다"

인도에서는 소 오줌과 마찬가지로 소똥도 소중하게 쓰인다. 소똥이 연료로 사용되기 때문이다. 인도에서는 소들이 싸는 전체 똥의 25퍼센트 정도가 연료로 사용된다. 인도의 농촌에서는 사람들이 소똥을 두드려 빈대떡처럼 둥글넓적하게 만든 다음 흙벽에 눌러 붙여 말린다. 그리고 이 똥이 햇빛에 말라 벽에서 떨어지면 땔감으로 쓴다. 가을에 주워 말린 소똥은 인도 농촌에서 겨울을 나는 데 없어서는 안 될 훌륭한 연료로 쓰인다. 인도뿐만 아니라 초기 미국 정착민들도 땔감으로 마른 들소의 똥을 사용했다고 한다.

아프리카 케냐의 마사이 족은 '보마'라고 하는 소똥 집에서 산다. 이는 전통 방식에 따라 소똥과 재를 물로 섞어 벽과 천장에 발라 마감한 것이다.

일부 아프리카 주민들은 코끼리 똥을 주워 초가집 등의 외벽

을 만드는 데 사용하기도 한다. 코끼리 똥은 다른 동물들의 똥에 비해 냄새가 많이 나지 않아서 외벽에 칠하기 좋고, 코끼리 똥에는 식물의 섬유질이 많이 들어 있기 때문에 바싹 말려서 쓰면 화력이 좋아 땔감으로도 유용하다.

　코끼리와 같은 초식 동물들은 먹는 양에 비해 똥을 많이 싸는 편이다. 코끼리는 풀과 지푸라기, 나뭇잎은 물론이고 과일이며 잔가지 등 섬유소가 많은 먹이를 먹는데, 덩치가 크다 보니 먹는 양이 어마어마하다. 거의 온종일 먹는다고 해도 과언이 아니다. 평균적으로 매일 120~180킬로그램 정도의 먹이를 먹고, 많게는 300킬로그램까지 먹기도 한다. 그런데 소화 흡수율은 떨어져 똥

> 마사이 마을의 소똥으로 만든 집

을 많이 싼다. 커다란 코끼리는 몇 시간에 한 번씩 자신이 먹은 양의 절반 이상을 배설하는데, 반쯤 소화된 상태의 식물성 똥을 매번 6~30킬로그램 정도 싼다. 인간의 경우, 건강한 성인이 하루에 배설하는 대변의 양이 약 100~300그램인 것과 비교하면 얼마나 많은 양인지 짐작할 수 있을 것이다.

케냐의 차보 국립공원에서는 매일 약 1500톤에 달하는 코끼리 배설물이 발생한다고 한다. 이 코끼리 똥을 그냥 내버려 두면 쇠똥구리나 박테리아 등에 의해 자연적으로 분해되거나 배설물 덩이로 남는다. 태국을 비롯한 일부 지역에서는 이렇게 방치될 수 있는 코끼리 똥을 좀 더 특이한 용도로 유용하게 사용하고 있다. 바로 코끼리 똥으로 종이를 만드는 것이다. 식물에는 셀룰로스라고 하는 소화 흡수가 잘 안 되는 섬유질이 많이 들어 있는데, 코끼리 똥으로 배출되는 셀룰로스를 이용하여 종이를 만들 수 있다.

똥으로 종이를 만들다니! 똥으로 만든 종이는 지저분하고 냄새날 것 같지만 전혀 그렇지 않다. 똥은 어떤 음식을 먹는지에 따라 냄새가 다르다. 그래서 잡식하는 인간과 달리 풀만 먹고 사는 초식 동물인 코끼리는 똥에서도 악취가 없고 풀 냄새나 건초 냄새가 날 뿐이다.

사실 코끼리 똥이래야 코끼리가 잔뜩 먹은 풀과 나뭇잎, 잔가

지들이 코끼리의 소화 기관을 따라 이동해서 밖으로 빠져나온 것에 지나지 않는다. 그러니 굳이 더럽다고 얼굴 찌푸릴 일도 아니다. 게다가 코끼리의 이빨과 식도와 위와 장을 거치는 사이에 다양한 소화 효소들의 작용으로 식물들은 잘게 찢기고 부드러워진 상태이므로 종이를 만들기 위해 자르거나 두들기는 수고를

©Shutterstock

> 코끼리 똥으로 만든 종이

덜 수 있어 편리하다.

    코끼리 똥 종이는 인체에도 환경에도 해가 없는 착한 종이다. 표백제와 같은 화학 물질을 사용하지 않기 때문에 보통 흰색이나 미색에 가깝지만, 염료를 섞으면 다양한 색깔의 종이를 얻을 수 있다. 똥 10킬로그램이면 A4 용지만 한 크기로 660장을 만들 수 있다고 하니 결코 적은 양이 아니다. 그래서 코끼리가 많은 태국이나 스리랑카와 같은 나라에서는 코끼리 똥 종이를 많이 생산한다. 그것으로 책과 공책, 수첩 같은 학용품도 만들고, 장난감도 만든다.

더 알아봅시다

코끼리 똥으로 종이 만들기

먼저 코끼리 똥을 수거하여 말린다. 똥을 말리면 덜 역하기도 하고, 기생충 감염도 줄일 수 있기 때문이다. 말린 똥을 서너 번 물에 씻어 헹군 뒤 구멍이 촘촘한 체로 거른다. 체에 남은 미처 소화가 덜 된 풀, 나뭇잎 같은 질긴 섬유소를 솥에 넣고 5~6시간 끓여 흐물흐물한 죽처럼 만든다. 그리고 분쇄기로 갈아서 입자를 곱게 만들어 준다. 그 다음은 창호지 만드는 법과 비슷하다. 섬유질만 남은 똥 액체를 넓고 편평한 판에 얇게 펼쳐서 물기를 빼고 말리면 코끼리 똥 종이를 얻을 수 있다.

우주인이여,
구토를
참아가!

버밋 커밋(Vomit Comet), 구토 혜성이라는 말을 들어 본 적 있는가? 행성의 이름이 아니다. 우주 비행사들이 훈련할 때 쓰는 무중력 비행기를 일컫는 별명이다. 우주 비행사들은 특수 제작된 이 비행기에 탑승해서 고공으로 급상승한 뒤 약 30초간 공기의 저항이 없는 이상적인 궤도를 그리면서 자유 낙하를 반복하는 방식의 훈련을 하는데, 이 과정에서 무중력 상태를 경험한다.

무중력 상태를 인위적으로 만들기 위해서는 약 1~2분 간격으로 급상승과 급하강을 수십 번 반복한다. 이때 급격한 신체 변화가 일어나서 속이 메스껍다 못해 토하게 된다. 훈련에 참여한 대다수 우주 비행사가 구토하게 된다고 해서 '구토 혜성'이라는 별명이 붙은 것이다.

그렇게 훈련을 받고 엄격한 체력 검사를 통과한 건강한 우주 비행사들도 막상 우주여행을 떠나면 둘 중 하나는 우주 멀미로 고생한다. 하물며 민간인은 말해 뭐하겠는가? 1990년에 일본의 한 방송국 기자가 민간인 신분으로 미르 우주 정거장에 다녀왔는데, 우주선이 이륙하자마자 거의 18분간 쉼 없이 토했다고 한다.

멀미가 나고 토하는 것은 몸이 불쾌감을 느끼기 때문이다. 우리 귓속에는 몸의 움직임을 감지하는 전정 기관과 반고리관이 있는데, 전정 기관은 우리 몸의 기울기를, 반고리관은 회전을 감지한다. 자동차나 배가 속도를 냈다가 멈추기를 반복하거나 지속적으로 흔들리면 그때마다 전정 기관과 반고리관이 자극을 받고, 이 자극이 계속되면 뇌가 불쾌함을 느끼는 것이다. 그 불쾌함이 멀미를 유발한다.

"무중력 비행기가 급상승과 급하강을 반복하면 우주인은 어떻게 될까?"

우주선은 여러모로 멀미를 일으키기 딱 좋은 환경이다. 지상에서 우주선이 발사될 때는 엄청난 가속도로 하늘을 향해 치솟는다. 일반 교통수단의 가속도와는 비교되지 않을 만큼 견디기 힘든 속력의 변화에 전정 기관과 반고리관이 심하게 자극받고 몸이 견디지 못하면 멀미를 느낄 수 있다. 대기권에 진입한 뒤에도 우주선은 보통 자체 축을 기준으로 빙글빙글 돌면서 목적지까지 이동하므로 눈앞의 경치가 계속 바뀌어서 시야가 어지러워진다. 그렇게 시각 정보와 신체·정보가 혼동을 일으키면 또다시 멀미가 생긴다.

고생고생해서 국제 우주 정거장에 도착하면 그것으로 고생이 끝나는가 하면 그것도 아니다. 이제는 위아래를 구별하는 감각이 혼동을 일으키기 시작한다. 귓속 전정 기관은 중력을 기준으로 위아래를 판단하고 눈은 천장과 바닥을 보고 판단하는데, 여기에 문제가 생기는 것이다. 이곳에는 중력도 없고, 위아래도 없다. 그래서 국제 우주 정거장에서는 임의로 한쪽 벽에만 전등을 달아서 천장으로 삼고 있지만 처음 온 우주인이 적응하려면 시간이 꽤 걸린다고 한다.

중력이 없는 이곳에서는 위장 속의 음식물이 자리를 잡지 못하고 둥둥 떠다니기 때문에 트림하기가 힘들다. 그러다 보니 위장 속에 가스가 가득 찬 채로 지내게 되는데, 그러면 소화가 잘 안 되어 또 멀미가 생길 수 있다. 평소 소화 불량이 생겨 속이 더 부룩하고 메슥거릴 때 멀미와 비슷한 증상이 일어나는 것을 떠올리면 이해하기 쉬울 것이다.

멀미가 생겨 구토라도 하게 되면 여간 낭패가 아니다. 우주 비행사의 컨디션이 좋지 않아 작업에 차질이 생기는 것 이상의 문제가 발생한다. 공중을 둥둥 떠다니는 토한 음식을 일일이 수거해서 치워야 하는 데다, 자칫 정교한 전자 장비에 들어가기라도 하면 큰일이기 때문이다. 따라서 구토할 낌새가 느껴지면 우주

변기에 빠진 세계사

비행사는 특별히 제작된 비닐봉지에 토한다.

그럼 우주인들은 우주 멀미를 어떻게 극복할까? 미국 항공 우주국에서 우주인을 위해 개발한 피너건(Phenergan)이라는 멀미약이 있다. 이 약은 복용하는 알약이 아닌 주사제 형태인데, 우주에서 알약은 위장에서 둥둥 떠다녀 흡수가 느리므로 주사 형태로 개발되었다. 하지만 계속 졸리고 눈앞이 흐려지는 단점이 있어서 우주인들은 평형 감각을 의식적으로 조절하는 '자율훈련법'으로 멀미를 극복하고자 애쓴다고 한다.

"우주로 소변을 내보내는 것은 최고로 멋진 광경"

우주복을 입는 순간부터 우주 비행사의 일상은 완전히 달라진다. 일단 배변을 위해 우주복 밑에 이른바 대변 탱크 장치를 착용해야 한다. 그것은 마치 새지 않게 잘 처리된 짧은 반바지 같이 생겼는데, 공기는 통과되지만 물은 통과되지 않도록 만들어져 기저귀 같은 역할을 한다.

아폴로 9호에 탄 우주인들은 직경 15센티미터, 길이 30센티미터의 비닐봉지를 직접 엉덩이에 부착하기도 했다. 볼일을 본 다음에 대변이 엉덩이에서 떨어질 생각을 하지 않는 일이 많아 곤

란을 겪기도 했다고 한다. 우주 비행사는 여러모로 만만한 직업이 아닌 듯하다.

그러면 소변은 어떻게 처리했을까? 아폴로 9호가 임무를 수행할 당시 소변은 우주로 방출됐는데, 우주에서 소변은 순식간에 결정체로 변했다. 당시 달 착륙선을 조종했던 우주 비행사 러스티 슈바이카트의 말에 의하면, 해가 질 무렵 소변을 우주로 내보내는 것은 실제로 우주선에서 바라볼 수 있는 최고로 멋진 광경이라고 한다.

우주인들이 머리를 감고 몸을 씻을 때에도 불편하기는 마찬가지다. 우주에서는 물이 매우 귀하기 때문에 자주 씻기 어렵다.

> 우주선 내부에 있는 화장실

물은 마시거나 씻는 데 쓸 뿐만 아니라 숨 쉴 때 필요한 산소를 만드는 데 사용하므로 우주에서는 물을 함부로 사용할 수 없다. 그래서 샤워할 때는 간단하게 스펀지에 따뜻한 물을 적셔 온몸을 닦는다. 머리를 감을 때도 물이 필요 없는 샴푸로 머리카락과 두피를 잘 문지른 뒤 거품만 수건으로 닦는

다. 이를 닦을 때도 물 없이 쓸 수 있는 치약을 사용한다. 간혹 우주인은 우주선 안의 밀폐된 샤워실에서 허공을 떠다니는 물방울로 몸을 닦기도 하는데, 샤워를 마치고 벽에 묻은 물방울을 일일이 닦아 내는 수고를 해야 한다.

더 알아봅시다

우주 비행사를 위한 음식 개발

최근 미국의 한 대학 연구진은 우주 비행사들의 똥을 이용해 음식을 만드는 기술을 연구하고 있다. 연구원들은 인공 똥을 이용해 실험을 진행했는데, 산소 없는 조건에서 똥이 분해될 때 발생하는 메탄가스를 먹는 미생물을 투입했더니 단백질과 지방 함량이 높은 물질이 생성되었다고 한다. 이 기술이 상용화되면 음식을 구하기 쉽지 않은 우주 공간에서 식품을 만들 수 있어 우주에서 활동하는 우주 비행사들의 먹거리 해결에 도움이 될 전망이다.

FUTURE

7 빌 게이츠,
인분 人糞 들고
연단에 서다

2018년 11월 6일 중국 베이징에서 열린 한 행사에 참석한 빌 게이츠는 누리끼리한 갈색 내용물이 든 유리병 하나를 꺼내 탁자 위에 놓았다. 그것은 사람의 똥이었다. 빌 게이츠의 행동에 곧 전 세계의 이목이 집중되었다. 마이크로소프트사의 창업자이자 세계에서 손꼽히는 부자로 알려진 그가 똥이 든 유리병을 들고 나타난 이유는 무엇일까?

"오늘날 전 세계 25억 명이 비위생적인 화장실을 이용하고 있고, 그중 10억 명이 공터에서 일을 봅니다."

빌 게이츠는 후진국의 화장실 실태를 알리고 '자급자족형 화장실' 개발의 중요성을 강조하기 위해서 '화장실 재발명 사업 박람회(Reinvented Toilet EXPO)'에 똥을 가지고 나온 것이다.

그는 2008년 마이크로소프트 경영자 자리에서 스스로 물러난 이후, 아내 멜린다 게이츠 여사와 함께 '빌 & 멜린다 게이츠 재단'을 세우고 세계 곳곳의 가난한 이들의 삶을 돕는 일에 앞장서왔다. 그가 자선 활동을 위해 여행하던 도중에 꽂힌 것이 있었으니, 다름 아닌 화장실이었다. 그는 화장실이 아예 없어서 아무 데서나 볼일을 보거나 기껏 작은 구덩이를 파고 볼일을 보는 많은

> 인분을 들고 연단에 선 빌 게이츠

사람을 보았고 낙후된 지역의 열악하고 부실한 화장실 환경을 개선하는 일이 시급함을 깨달았다.

세계보건기구에 따르면, 2015년 기준 세계 인구 75억 명 중 39퍼센트에 해당하는 29억 명은 안전하게 관리되는 화장실을 이용하지만 나머지는 여러 세대가 함께 화장실을 쓰거나 뚜껑이 없는 구덩이 화장실과 같은 비위생적인 화장실을 쓴다고 한다. 게다가 12퍼센트에 해당하는 약 9억 명은 화장실이 아예 없어서 야외에서 볼일을 보는 것으로 드러났다.

화장실이 있고 없고는 단순히 좋고 나쁨을 떠나 건강과 직결되는 문제를 발생시킨다. 배설물은 땅과 물을 오염시키고, 그 오

염된 물과 음식으로 인해 많은 사람들이 병에 걸려 목숨을 잃는 일이 생기기 때문이다. 화장실이 없거나 제대로 관리되지 않으면 배설물에 섞인 각종 세균이 사람의 손이나 물, 해충 등에 의해 퍼진다. 그러면 콜레라, 이질, 티푸스, 소아마비 등의 수인성 전염병에 걸리기 쉽다. 수인성 전염병에 걸리면 복통과 설사, 구토 등을 일으키는데, 가난으로 인해 먹거리가 부실한 아이들이 되풀이해서 설사를 하면 영양실조가 심해진다. 게다가 만 5세 이전의 아이들은 설사를 앓을 때 적절한 의료 처치를 받지 못하는 경우 생명이 위태로워진다.

빌 게이츠는 화장실을 개선하는 일이 시급하지만, 상하수도 시설과 같은 기본적인 시설이 갖춰지지 않은 낙후 지역에 수세식 화장실만 덩그러니 만들어 놓는다고 해결할 수 있는 문제가 아님을 인식했다. 그래서 막대한 돈을 들여 과학자들과 함께 상하수도 시설이 없어도 이용할 수 있고 유지비도 적게 드는 화장실을 연구해 왔다. 그 결과 빌 게이츠는 태양광을 이용해 자가발전을 하거나, 화학 분해를 통해 배설물을 깨끗한 물이나 전기 또는 비료로 만들어 재활용할 수 있는 '자급자족형 화장실'을 소개했다. 그에 따르면 이런 화장실을 가동하는 데 드는 유지비는 하루에 약 50센트, 우리 돈으로 약 600원 정도가 들 뿐 물이나 외부 전력도 필요 없다고 한다.

"태양광과 전기로
배설물을 분해한다고?"

중국 장수 성에 있는 한 초등학교에는 특이한 화장실이 설치 되었다. 바로 캘리포니아 공과 대학에서 개발한 '에코 산(Eco-san)' 화장실이다. 이 화장실은 지붕에 설치한 태양광 패널을 통해 전기를 생산하고 똥을 전기로 분해한다. 그리고 분해된 똥은 모아서 일 년에 한 번 제거하고, 오줌은 미세 필터로 걸러서 깨끗한 물로 만들어 다시 사용한다.

에코 산 화장실은 오늘날과 같은 수세식 화장실을 사용한 이후 200여 년이 지나 등장한 획기적인 발명이자 위생학적 발전이라 할 만하다. 그러나 아직 기술 개발 초기 단계인 지금은 생산비가 많이 들기 때문에 계속적인 연구를 통해 10년 안에 낙후 지역에 보급하는 것을 목표로 하고 있다.

빌 게이츠는 상하수도가 필요 없는 화장실, 유지비가 적게 드는 화장실 재발명 프로젝트가 성공한다면, 가난하고 소외된 지역에 화장실을 만들어 주는 사회 공헌적 측면은 물론이고 사업적으로도 훌륭한 아이템이 될 수 있을 것이라고 내다봤다. 대소변을 치우는 데 사용하는 물을 절약할 수 있다면 많은 나라에서 수세식 화장실보다 이 미래형 화장실을 설치하게 될 것이기 때

> 아프리카에 설치된 에코 산 화장실

문이다. 미개척 분야인 만큼 시장은 전 세계로 열려 있으니 그의 말대로 미래형 화장실 개발은 좋은 일을 하면서 큰돈도 벌 수 있는 사업 아이템일 수 있다.

2015년 미국의 강연회인 테드(Technology Entertainment Design, TED)에서 그는 핵무기의 공포에 떨었던 어린 시절의 일화를 들려주었다. 그러면서 그는 "만약 앞으로 몇십 년간 무엇인가가 천만 명이 넘는 사람들을 죽인다면 그건 전쟁이 아니라 전염성이 매우 강한 바이러스일 것이다"라고 말했다.

그로부터 5년 뒤, 세상은 코로나19 바이러스로 몸살을 앓으며 빌 게이츠의 예언을 떠올렸다. 일부는 당시 자료 화면에 나온 바이러스의 모양이 코로나19 바이러스와 흡사하다며 빌 게이츠를 음모론으로 몰아가기도 했다. 왜 IT업계의 거장이자 세계 최고 부자가 바이러스나 인류 수에 대해 강연을 하느냐며 색안경을 끼고 보는 사람들도 있었다. 그들에게 빌 게이츠의 인분 병과 화장실 프로젝트는 어쩌면 그 이해의 징검다리가 될 수 있지 않을까 싶다.

다시 화장실 얘기로 돌아가면, 창의적인 과학자들이 연구와 노력을 거듭하다 보면 머지않은 미래에 그가 꿈꾸는 화장실이 실용화될지도 모를 일이다. 어쩌면 수십 년 혹은 수백 년 뒤에 어느 작가는 자신의 책에 이렇게 쓸지도 모르겠다.

"21세기 초까지만 해도 수세식 화장실이라는 것이 있었다. 어마어마하게 많은 물을 낭비하는 비효율적인 방식인데, 1775년부터 2020년 무렵까지 거의 250년간이나 사용했다. 오늘날 물한 방울 쓰지 않는 화장실과 비교해 보면 반환경적이라 할 수 있다. 하지만, 그래도 이해하자. 당시로는 그게 최선이라 생각했을 것이다"라고 말이다.

8

똥으로
달리는 버스

'똥은 더럽거나 쓸모없는 배설물이 아닌 귀중한 거름이자 자원이다'라고 하면 오래된 과거의 이야기라고 생각할지도 모르겠다. 하지만 오늘날에도 똥은 자원이 되고 있다.

2014년 11월 영국에서는 시선을 끄는 독특한 버스가 등장했다. 버스의 한쪽 옆면에는 화장실 양변기에 앉아서 볼일을 보는 다섯 사람의 모습이 그려져 있었다. 왜 이런 그림으로 버스를 장식했을까? 그 이유는 바로 사람의 똥으로 움직이는 버스였기 때문이다. 세계 최초로 똥을 에너지원으로 운행한 '똥 버스'는 영국 브리스톨 공항과 배스 시내 사이를 연결하여 운행되었다.

이 버스는 똥에서 나오는 메탄가스를 에너지로 삼아 움직였다. 똥은 55~75퍼센트의 물과 25~45퍼센트의 메탄으로 이뤄져 있는데, 메탄은 천연가스(LNG)의 주성분이다. 똥에서 메탄가스를 추출하기 위해서는 산소를 싫어하는 혐기성 미생물이 필요하므로 큰 탱크에 똥과 혐기성 미생물을 함께 넣어 준다. 그러면 이 미생물들이 유기물질을 섭취하여 탄화수소나 유기산, 질소 화합물 등을 분해하게 된다. 이때 탄산가스나 메탄가스가 방출되는데, 그 메탄가스를 모아 에너지원으로 쓰는 것이다.

최초의 똥 버스는 버스 지붕 위 탱크에 연료를 담아 사용했다. 연료를 가득 채운 버스는 300킬로미터를 주행할 수 있는데, 그 연료는 다섯 사람이 일 년 동안 배설한 똥의 양과 같다고 한다. 그러고 보니 버스 측면에 다섯 사람이 그려져 있는 것도 이유가 있었나 보다. 원료는 브리스톨의 하수 처리장에 모인 똥오줌 배설물에다 하수, 음식물 쓰레기 등을 모아 만든다. 이곳 하수 처리장에서는 매년 1700만 세제곱미터(m³)의 바이오가스를 만들어 8300가구에 전력을 공급할 수 있다고 한다.

　똥을 에너지로 사용하는 바이오가스는 사실 이전에도 에너지원으로 이미 활발하게 이용됐다. 독일은 바이오가스 공장을 세워 축산 농가에서 기르는 젖소와 돼지의 똥과 오줌에서 나는 가스로 바이오 전기를 만들어 쓰고, 그 과정에서 나오는 찌꺼기로는 액체 비료를 만들었다. 스웨덴에서는 2006년에 바이오가스를 활용한 열차 '아멘다'가 등장하기도 했고, 미국 샌프란시스코에서는 공원에 널려 있는 애완동물의 똥을 모아 전기를 만들어

가로등을 켜기도 했다. 이처럼 똥오줌은 환경에 해로운 화석 연료를 대신할 친환경 에너지가 될 수 있다.

똥과 오줌에서 나오는 메탄가스가 얼마나 된다고 그걸 전기로 만드나 싶을 수도 있겠지만, 메탄가스의 위력은 결코 무시하지 못할 수준이다. 가축이 밀집돼 있고 환기가 잘되지 않는 축사의 문을 닫아 놓으면 하룻밤 사이에도 축적된 메탄가스가 공기 중의 산소와 섞여 폭발성 혼합 기체를 형성할 수 있다. 이 때문에 목동들도 성냥불을 켤 때는 때와 장소를 가려야 하며, 병원 수술실에서도 종종 스파크로 인해 폭발 사고가 발생하므로 가스가 차 있는 결장을 수술할 때에는 전자 소작기를 사용할 정도이다.

소 한 마리는 하루에만 수백 리터에 달하는 메탄가스를 배출한다. 전 세계의 소들이 한 해 동안 대기 중에 방출하는 메탄가스의 양은 놀랍게도 6000만 톤에 달하는데, 이는 연간 메탄가스 총 발생량의 15퍼센트에 해당한다. 지구의 기온을 상승시키는 온실 효과를 말할 때 소의 방귀나 트림을 언급하는 이유가 여기에 있다. 이 때문에 축산 대국이자 온실 효과의 최대 피해국으로 손꼽히는 호주에서는 소 떼의 가스 방출량에 따라 각 목장에 세금을 매기는 방안을 모색하고 있다고 한다.

최근에는 영국의 교수와 연구진들이 오줌으로 전기를 생산할 수 있는 미생물 연료 전지를 만들었다. 썩은 과일이나 죽은 파리,

생활 하수 등을 잔뜩 모은 실린더에 미생물을 넣고 여기에 오줌을 통과시키면, 미생물이 오줌에 포함된 포타슘이나 소듐 성분을 분해하는 과정에서 화학 에너지가 생긴다. 그것을 전기 에너지로 바꾸는 것이다. 이 미생물 연료 전지는 화석 연료를 쓰지 않아 친환경적일 뿐만 아니라 에너지 효율이 85퍼센트로 매우 높다. 또, 미생물 연료 전지 하나를 만드는 데 드는 비용은 1파운드 정도에 불과해서 이 전지로 화장실을 만드는 데는 약 600파운드, 우리 돈으로 약 100만 원 정도면 충분하다고 하니 난민 캠프 같은 곳에 화장실을 건립하려 할 때 저렴하고 효율적으로 사용될 수 있을 것이다.

"배설물이 미래의 에너지원으로 바뀌는 마법 같은 일이 일어나고 있다"

바이오가스는 똥이나 하수 침전물, 도시에서 쏟아져 나오는 고형 폐기물을 비롯한 온갖 생물 분해성 원료가 발효되거나 미생물에 의해 분해될 때 나오는 가스를 말한다. 하수구로 들어간 대소변이 오물 처리 시설에서 발효되어 바이오가스로 바뀌면 전력을 생산하기 위한 원료로 쓰인다. 이렇게 오물 처리 시설에서 나오는 바이오가스를 모아 연료 전지로 쓰면 전기가 생산되는 것이다.

개인차가 있긴 하지만 평균적으로 한 사람은 평생 10~20톤 정도의 똥을 싼다고 한다. 지구에 사는 약 70억 명의 사람이 한 해 동안 배출하는 대변은 약 2900억 킬로그램, 소변은 약 19억 8000만 리터에 육박한다니 실로 엄청난 양이다. 한 사람이 하루에 배설하는 똥으로는 대략 2와트의 전력을 생산할 수 있는데, 지구상의 모든 사람의 똥을 에너지로 바꿔서 사용한다면 연간 최대 약 10조 8000억 원의 비용을 절약할 수 있는 셈이다.

인분이나 가축 분뇨를 이용해서 바이오가스를 만들면, 똥오줌을 처리하는 과정에서 생기는 메탄과 이산화탄소 같은 온실 기체를 줄일 수 있어서 악취와 환경 오염을 막을 수도 있다. 우리나라에서 2008년 한 해 동안 바다에 버린 가축 분뇨는 146만 톤에 달하는데, 가축 분뇨를 사용해 바이오가스를 생산하면 바다에 버리는 분뇨의 양이 현저하게 줄어들 것이다. 때문에 '가축 분뇨 바이오가스 생산 기술'을 잘 이용하면 온실가스 방출과 해양 오염 등의 환경 문제를 해결할 수 있다. 바이오가스를 만들고 남은 물질로는 유기질 비료를 만들 수 있어서 화학 비료 사용도 줄이고 토질 개선에도 도움을 받을 수 있으며, 연료비도 줄일 수 있어 다양한 효과를 볼 수 있다.

우리나라에도 가축 분뇨를 에너지로 만드는 바이오가스 생산

시설이 있다. 강원도 홍천의 소매곡리 마을이 대표적이다. 원래 이 마을은 목축을 많이 하던 까닭에 악취가 심했다. 하지만 가축 분뇨 바이오가스화 시설을 활용하자 사정이 달라졌다. 이 자원 순환형 처리 시설은 버려지던 가축의 분뇨를 자원으로 탈바꿈시 켰다. 가축 분뇨 80톤, 음식물 쓰레기 20톤을 섞어 만드는 바이 오가스를 도시가스로 정제한 뒤 각 가구의 난방 연료로 공급하 는데, 가구당 연간 91만 원가량의 난방비를 절감해 주는 효과가 있다고 한다. 그러고도 남은 가스는 도시가스공사에 판매된다.

주민들은 바이오가스화 시설 및 하수 처리장에서 생기는 찌꺼기를 퇴비와 액비로 만드는 시설을 직접 운영하여 수익까지 올리고 있으니 쓰레기로 난방을 하고 쓰레기로 돈을 버는 셈이다.

바이오가스는 가스보일러를 작동시키거나 축사를 따뜻하게 만드는 데 사용될 뿐만 아니라, 원동기를 돌려 전기와 열을 동시에 얻는 열 병합 발전도 가능하다. 바이오가스를 정제하면 자동차, 기차 및 도시가스의 연료로도 이용할 수 있다. 바이오가스 연료 전지도 활발히 연구되고 있다고 하니 앞으로 똥과 오줌의 역할을 기대해 봐도 좋겠다.

한편, 쓰레기로도 바이오가스를 생산할 수 있다. 마포구 상암동의 강변에 한강이 내려다보이는 하늘공원, 노을공원이 있다. 원래 이곳은 '난지도'라 불리며 1978년부터 1993년까지 15년간 서울시에서 수거한 생활 쓰레기를 쌓아 두던 장소였다. 그러다 2002년 제17회 월드컵 축구 대회를 앞두고 인근에 월드컵 경기장을 건설하면서 더불어 그곳까지 생태 공원으로 만들었다. 땅에 쓰레기를 파묻은 뒤 흙을 덮고 다져서 만든 공원이기에 나무와 풀이 자라는 땅 아래로는 여전히 어마어마한 양의 쓰레기가 묻혀 있다. 그 때문에 메탄가스와 침출수가 나오는데, 침출수는 하수 처리를 거쳐 정화한 뒤 강으로 배출한다. 그리고 곳곳에 설치된 가스 추출공을 통해 모인 메탄가스를 정제하고 처리해서

월드컵 경기장과 인근 지역에 천연가스 연료를 공급한다. 쓰레기 매립지를 생태 공원으로 조성함으로써 생태 복원과 효율적인 에너지 공급, 시민을 위한 휴식 공간 마련이라는 일석삼조의 효과를 얻은 셈이다.

인천에도 거대한 바이오가스 생산 설비가 있다. 인천 매립지에 건설된 매립가스 자원화 시설은 매립지 악취의 주원인인 바이오가스를 모아서 4인 가족 기준 약 10만 가구가 사용할 수 있는 양의 전기를 생산한다.

최근 전국 곳곳에 하수 처리장에서 발생하는 바이오가스를 열 병합 발전소에 보내 인근 공동 주택 단지에 전기와 난방열을 공급하는 설비가 들어서고 있다. 똥과 오줌, 방귀, 쓰레기…… 지저분한 것들의 변신이 놀랍지 않은가!

참고한 책

강재호 『지리 레시피』 황금비율, 2015

그레그 제너 『소소한 일상의 대단한 역사』 서정아 옮김, 와이즈베리, 2017

김나미 『청소년을 위한 세계종교여행』 사계절, 2008

노명식 『프랑스 혁명에서 파리 코뮌까지, 1789~1871』 책과함께, 2011

다니엘 푸러 『화장실의 작은 역사』 선우미정 옮김, 들녘, 2005

도미니크 파케 『화장술의 역사』 지현 옮김, 시공사, 1998

랠프 레인 『똥』 강현석 옮김, 이소출판사, 2002

마이라 웨더리 『엘리자베스 1세』 강미라 옮김, 미래엔아이세움, 2006

박성순 『박제가와 젊은 그들』 고즈윈, 2006

박신영 『백마 탄 왕자들은 왜 그렇게 떠돌아다닐까』 페이퍼로드, 2013

박재석 『젖니부터 임플란트까지』 동인, 2006

서울대학교중세르네상스연구소 『사랑, 중세에서 종교개혁기까지』 산처럼, 2019

안느 바리숑 『THE COLOR 세계를 물들인 색』 채아인 옮김, 이종문화사, 2012

야쿱 블루메 『화장실의 역사』 박정미 옮김, 이룸, 2005

양태자 『중세의 뒷골목 풍경』 이랑, 2011

양태자 『중세의 뒷골목 사랑』 이랑, 2012

양태자 『중세의 길거리의 문화사』 이랑, 2015

예병일 『세상을 바꾼 전염병』 다른, 2015

이규현 『미술경매 이야기』 살림출판사, 2008

이순희 『빌 게이츠의 화장실』 빈빈책방, 2018

변기에 빠진 세계사

이영숙『식탁 위의 세계사』창비, 2012

이영숙『옷장 속의 세계사』창비, 2013

이주은『스캔들 세계사』파피에, 2013

이지은『귀족의 은밀한 사생활』지안출판사, 2006

장 메스키『성채』김주경 옮김, 시공사, 2015

장한업『단어로 읽는 5분 세계사』글담, 2016

장항적『판데믹 히스토리』시대의창, 2018

잭 첼로너『BIG QUESTIONS 118 원소』곽영직 옮김, Gbrain, 2015

정준호『기생충, 우리들의 오래된 동반자』후마니타스, 2011

조시 리치먼 · 애니시 셰스『내 몸이 깨끗해지는 똥오줌 사용설명서』이원경 옮김, 페
    퍼민트, 2012

존 그레고리 버크『신성한 똥』성귀수 옮김, 까치, 2002

주경철『모험과 교류의 문명사』산처럼, 2015

캐서린 애셴버그『목욕, 역사의 속살을 품다』박수철 옮김, 예지(Wisdom), 2010

클라우디아 메르틀『누구나 알아야 할 서양 중세 101가지 이야기』최철 옮김, 플래
    닛 미디어, 2006

토니 로빈슨 · 데이비드 윌콕『불량직업 잔혹사』신두석 옮김, 한숲(이른아침), 2005

피에르 제르마『만물의 유래사』김혜경 옮김, 하늘연못, 2004

한국항공우주연구원 외『우주선 안에서는 방귀 조심!』찰리북, 2011

변기에 빠진 세계사
ⓒ 이영숙, 2020

초판 1쇄 발행일 2020년 7월 10일
초판 7쇄 발행일 2023년 9월 15일

지은이   이영숙
펴낸이   정은영

펴낸곳   (주)자음과모음
출판등록 2001년 11월 28일 제2001-000259호
주소   10881 경기도 파주시 회동길 325-20
전화   편집부 (02)324-2347, 경영지원부 (02)325-6047
팩스   편집부 (02)324-2348, 경영지원부 (02)2648-1311
이메일   jamoteen@jamobook.com

ISBN 978-89-544-4282-4 (44080)
      978-89-544-3135-4 (set)